Investment

Investment

積極型價值投資

維塔利・凱茨尼爾森 ——著
呂佩憶 ——譯

突破盤整市場的終極投資法

VITALIY N. KATSENELSON

THE LITTLE BOOK OF
SIDEWAYS MARKETS

How to
Make Money in
Markets that
Go Nowhere

獻給

喬納（Jonah）和漢娜（Hannah）

目錄 CONTENTS

各界讚譽　　　　　　　　　　　　　　　　　　　　008
推　薦　序　債務超級循環的結束和盤整市場／約翰‧莫丁　013
推　薦　序　心態決定投資的穩健／Kelvin　　　　　　023
推　薦　序　駕馭膽小獅市場的價值投資指南／阿福の投資
　　　　　　馬拉松　　　　　　　　　　　　　　　　027
前　　　言　我們必須改變投資的方式　　　　　　　　031

CHAPTER 1・繫好安全帶　　　　　　　　　　　037

劇烈震盪的市場將持續很長一段時間

去一趟動物園吧／（至少）兩人才能起舞／不相信我？沒關係

CHAPTER 2・盤整市場的世界觀　　　　　　　　045

橫向盤整的市場會發生什麼事？

牛、熊和膽小獅／人性的價格／這次沒有不一樣／在哪裡立足將決定你能待多久

CHAPTER 3・別遷怒傳遞訊息的人　　　　　　　057

事情該如何結束？

市場現況如何？／將獲利成長設定為定速巡航／你在通膨的哪一區？

／股利未獲得應有的尊重／你擁有哪支股票才重要！

CHAPTER 4・有錢人的模樣　　073

真正的價值投資人

酪農泰維的故事／母牛高德值多少？／高德可能會生病／考量風險／牲畜拍賣會／最終結算／價格除以「任何東西」／泰維買下高德的那天

CHAPTER 5・向賭徒學習　　091

投資的成功源自於流程

每個人心中的賭徒／像泰維一樣面對機會

CHAPTER 6・Q（品質）的重要性　　097

別虧錢／帶刺的鐵絲網／品牌不平等／自由現金流的力量／資本支出並非都相同／如何分析公司？／你的錢是否被花在對的地方？／經常性營收比盈餘一致性更重要／負債是好事，除非有問題／不可妥協

CHAPTER 7・G（成長）的重要性　　117

營收成長／成長來自利潤改善／實施庫藏股／提升效率／股利真正告訴你的事／股利愈高，成長愈慢？／股利與盤整市場／股利非常重要，但是……

CHAPTER 8・V（股票評價）的重要性　　135

除了鐵槌以外／注意雙向的走勢／從相對到絕對／請小心本益比壓縮

CHAPTER 9・整合運用

品質＋股票評價＋成長

只有1/3達標：那不夠好／2/3達標：比較好，但這樣足夠嗎？／犧牲？絕對不要！

CHAPTER 10・瞬息萬變的市場

在盤整市場中，思考長期、操作短期

波動性──你最新的好朋友／抓準個股的時機，而非大盤的時機／以靜制動／時候到了，就要出擊

CHAPTER 11・重生成為價值投資人

在盤整市場中，逆向投資的重要性

把耳朵塞起來／應該多久看一次股票？／媒體會把你逼瘋／單一任務／逆向投資的其他好建議

CHAPTER 12・將進化論套用到流程

這場遊戲就是買進並賣出

何時賣股？／在基本面惡化時賣出／與自己以前的決定脫鉤

CHAPTER 13・你沒有自己想的那麼蠢,聰明也是 201

在盤整市場中買賣股票的心理支持

你沒有自己想的那麼蠢(周期性熊市的心理治療)／你沒有自己想的那麼聰明(周期性牛市的心理治療)

CHAPTER 14・股海尋寶 207

一旦賣出後,你該買進什麼?

繪製市場地圖／使用篩選標準／借貸

CHAPTER 15・向幸運的無知告別 215

全球化時代不能把頭埋在沙子裡

錯誤的公理和後果／日本:走上不歸路／中國:最大的灰天鵝／罪與罰

CHAPTER 16・用不同方式思考 235

不同的風險與分散方式

管理風險:學校沒有教我的事／另類史／多元化:並非總是免費的午餐／太多雞蛋,還是太多籃子?

CHAPTER 17・我可能錯了,但我不這麼認為 247

致謝 251

各界讚譽

讀起來像在和維塔利本人對話：深入、洞見觀瞻、追根究柢、文明。

——納西姆・尼可拉斯・塔雷伯（Nassim Nicholas Taleb），
《黑天鵝效應》（*The Black Swan*）作者

像末日博士魯比尼（Nouriel Roubini）一樣永遠看空的人，總是低著頭等待世界末日和股價暴跌，像大多數華爾街策略分析師一樣；永久看多的人，則總是抬起頭，等待下一個新典範和長期繁榮。相比之下，維塔利・凱茨尼爾森則是倒下來看著橫向盤整的市場。透過生動的小故事和實質的證據，維塔利教投資人如何駕馭「沒有方向」的市場並從中獲利。不要用走的，用跑的去讀維塔利的分析智慧！

——道格・卡斯（Doug Kass），海風（Seabreeze）資產管理經理人

維塔利・凱茨尼爾森結合了嚴謹的分析、市場歷史以及常識，為設法駕馭目前和未來幾年投資環境的投資人，提供了一

份有價值、可讀性很強的指南。

——麥克‧山托利（Michael Santoli），《霸榮周刊》（*Barron's*）專欄作家

我們以為盤整理市場對投資人來說根本不可能賺錢。但維塔利說服了我們並非如此，他為我們上了最重要的一課：知道什麼時候賣！

——赫柏‧葛林柏格（Herb Greenberg），消費者新聞和財經頻道（Consumer News and Business Channel，CNBC）資深股票評論員

這本書對每個投資人都有很多實用的智慧。我個人最喜歡的是「和你的股票結婚，但要簽婚前協議」，這不僅是一個很好的建議，也總結了維塔利自己的智慧投資品牌。他的風格不僅受到數學分析的影響，還受到他的實務經驗影響——其中有許多實用的例子——尤其是他獨特的個人經歷影響了每一頁的內容。無論是實體的還是虛擬的，每個人的書架上都應該要有一本！

——傑夫‧馬修斯（Jeff Matthews），避險基金經理人、《巴菲特主義》（*Pilgrimage to Warren Buffett's Omaha*）作者

清楚地表達了當今成功投資的簡單真理。凱茨尼爾森寫了一本關於理解盤整或稱為區間波動市場動態的最佳著作。

──金‧夏儂（Kim Shannon），特許金融分析師、席歐納（Sionna）投資管理公司總裁暨投資長

這本書令人信服地強化了逆向價值投資的永恆建議。維塔利‧凱茨尼爾森簡潔地闡述投資人應該如何以更好的方式，應對未來投資可能很困難的市場。

──羅柏‧阿諾特（Rob Arnott），銳聯資產管理（Research Affiliates）董事長、共同創辦人

壞消息是，市場不會有什麼明顯的走勢。好消息是，這本輕薄的小書可以讓你知道如何利用這一點，以實現超越市場的報酬率。

──羅柏‧邁爾斯（Robert P. Miles），《巴菲特的繼承者們》（*The Warren Buffett CEO*）作者

自大蕭條以來，一本教你如何在最動盪的金融市場環境中投資的聖經，也是一本關於如何謹慎累積財富的真正指南。

──大衛‧羅森伯格（David Rosenberg），Rosenberg Research首席經濟學家與策略分析師

讀起來令人愉快。為現在盤整和波動市場中的股票投資提供了一個清晰的框架，對每個人都有幫助。思路清晰且寫作流

暢——寫得很好！

——迪克‧威爾（Dick Weil），駿利資產集團執行長

投資很難說得清楚，同時還能讓一般讀者聽得懂。凱茨尼爾森為現在的市場提供清楚的解釋，並針對如何賺錢提出合理的建議，同時避免了市場對旺盛的多頭和受到驚嚇的空頭所設的陷阱。

——湯姆士‧道蘭（Thomas G. Donlan），《霸榮周刊》社論編輯

對於新手和經驗豐富的投資人來說，這都是一本精彩而扎實的讀物，凱茨尼爾森用通俗易懂的話解釋為什麼波動和盤整市場是選股者最好的朋友。

——投資資訊網站The Motley Fool

推薦序

債務超級循環的結束和盤整市場

約翰·莫丁（John Mauldin）

市場分析師常會談論長期牛市和熊市，但早在1990年代後期，我開始注意到市場不一定會是整齊的牛市或熊市。在我的拙作《瞄準未來投資》（*Bull's Eye Investing*）一書中，我解釋說投資人應該注意估值而不是價格，尤其是當市場似乎在很長一段時間內摸索（交易量大，但沒有長時間的上漲或下跌）時。換句話說，還有第三種類型的長期市場：沒有趨勢的市場。

幾年後，維塔利·凱茨尼爾森出現了，他開始談論盤整（膽小獅）市場。用非常聰明的方式來描述這些沒有趨勢、令投資人異常瘋狂的市場。本書是有用且易於理解的指南，可以引導投資人度過這段令人充滿挫折的時期。這正是此時此刻你需要的指南，因為市場在一段時間內將沒有明顯的走勢。

長期盤整市場是什麼？為什麼我說它會繼續下去？若要知

道明天的情況,我們得回顧一下過去。這樣一來,我們就能夠很容易看出這本書對你的投資組合有多大的價值。

☀ 關於時間和行為

市場會從「長期上漲」發展成「長期停滯」。這些周期平均持續17年。如果你在1966年買入美股指數,要等到1982年才會看到市場創新高——那是美國前一次長期盤整市場(直到現在)。在這樣的市場投資很困難,這麼說還算客氣的。但是在1982年下一個長期牛市開始時買入並持有到1999年,報酬率高達近13倍。投資很簡單,不斷上漲的市場造就了許多天才的業餘和專業投資人。自2000年初以來,許多已開發國家的市場基本上持平,我們再次處於很難投資的時期,很難找到投資天才。

「但是為什麼呢?」我經常被問到這個問題。為什麼市場不繼續上漲?許多專家說「從長遠來看」確實如此。我同意,從長遠來看,市場確實會上漲。這就是問題所在:大多數人在市場上的時間不長——40年到90年。也許是人類對永生的渴望,讓許多人專注於看起來極佳的超長期市場表現;或者是人們習慣於將他們最近的經歷投射到未來。上個世紀結束了,許多接受調查的投資人表示,他們認為每年可以從股票市場投資

中獲得15%的複利獲利。幾年後，即使在殘酷的熊市之後，這種期望仍然存在。研究顯示，至少需要3個負面事件才能說服人們事情已經發生了變化。這通常就是事情確實準備變得更好的時候！

正如馬克·吐溫（Mark Twain）說的，歷史不會重演，但是會有韻律。在1930年代和1940年代，我們經歷了大蕭條、一系列政策失誤和戰爭；隨著世紀的下半葉到來，股票報酬率最終達到個位數；然後是1950年代的繁榮，一直持續到1960年代，然後是一場戰爭、一系列政策錯誤，以及動盪的1970年代通貨膨脹和高利率。然後，保羅·沃克（Paul Volcker）使經濟陷入兩次衰退，使大盤的報酬率又回到個位數（！）接下來的18年見證了牛市的完美環境：利率和通膨下降、新技術以及人口增加創造牛市和培養樂觀情緒──即使被經濟衰退和幾次市場崩盤所打斷。隨著正報酬的幾年過去，許多人認為明年的情況會更好，以為樹真的會長到天上去。

然後是科技股泡沫破滅、經濟衰退和股價的惡性短期熊市，尤其是在備受喜愛的科技行業。但事情很快又開始了，專家們宣布牛市回來了。聯準會人為壓低利率、減稅，以及我們現在所知道的房地產泡沫，推動了全球經濟的崛起。事實上，一項由艾倫·葛林斯班（Alan Greenspan）合著的研究顯示，

從2002年到2006年，國內生產毛額（GDP）每年成長超過2%（有時甚至接近3%），基本上卻是來自人們以房屋為抵押的貸款。如果沒有這個貸款額度，經濟衰退將持續整整2年，未來2年的GDP成長將達到微不足道的1%。

接著就是現在的環境。美國和整個開發中國家的家庭開始減少債務、償還舊帳單、減少新債務；但許多國家的政府卻在借入更多錢來彌補赤字。

債務超級循環的結束

如果說抵押貸款危機為過度擴張的屋主敲響了警鐘，那麼希臘則是向各地政府發出了警告，那就是政府可以承擔的債務是有限的，然後債權人就會要求還償借款，或是不再提供貸款。一旦債券市場開始認為你不認真控制你的債務，或是無法以接近公平價值的價格償還債務，這時借貸成本就會開始上升，利息在稅收中所占的比例愈來愈大。雖然愛爾蘭人很認真降低其支出，但是現在愛爾蘭的債務成本正在迅速上升。那麼明天會是誰？任何無法控制其債務的國家。

雖然可能情況還沒有跌到谷底，但我們覺得已經不遠了。60年來，我們一直處於債務超級循環中，也就是推動經濟成長

而不斷增加的債務。樹木不會一直長到天上去，你也不能一直債臺高築沒有止盡，這些債務占據你收入（或GDP）的比例會愈來愈大。一張圖可以勝過千言萬語：當你看到下一頁所顯示債務占GDP百分比的圖表時，就會清楚看到債務是如何以愈來愈快的速度成長（這是在美國，但許多已開發國家的資料看起來非常相似）。

債務有時候是好的——當被用於生產時，如建造工廠或成立新企業——但是當債務被用於消費時，就只是無法償還的債務。你可以這樣想：如果你貸款讓你的孩子讀完大學，就是在做投資；但當你用信用卡支付晚餐，然後花了3個月的時間才還清，那麼這筆債務就是一無所獲，而且還使你的晚餐實際的價格高於菜單上的價格。

2008年至2009年的振興法案助長這個債務循環。但就算有政府的支出，消費者和企業似乎也已經明智地減少債務——但是政府卻在創造更多債務！

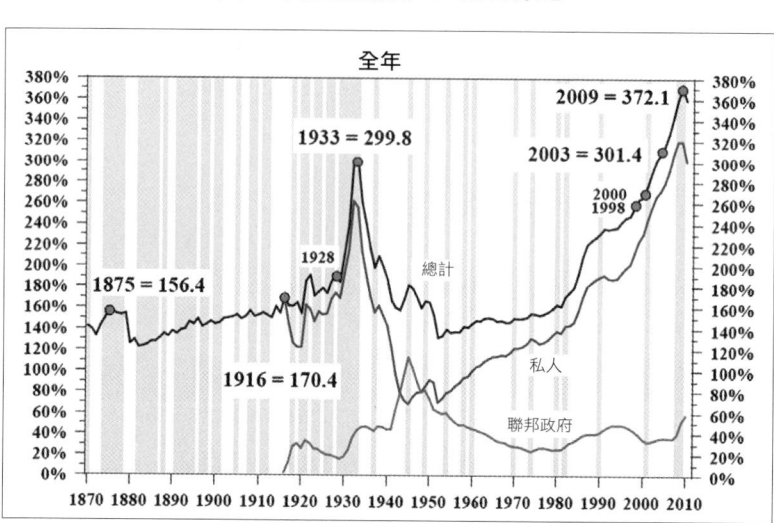

圖1　美國債務占GDP的百分比

資料來源：經濟分析局、聯準會、人口普查局。美國歷史統計資料，從殖民時期到1970年，直到2010年第2季。

經濟學雖然不像物理學是硬科學，但確實包含至少一個在任何時候都適用於所有國家的數學方程式：

$$GDP = C + I + G + (E - i)$$

或是，GDP＝消費（消費者和企業）＋投資＋政府支出＋淨出口（出口－進口）。

推薦序

　　凱因斯學派認為，當C（消費）疲軟時，政府應該用赤字來提振需求，直到消費者恢復並準備好消費為止。這麼做會有用。透過美國和歐洲大部分地區的最後一項振興法案，對最終需求和GDP產生了正面的影響，但這是透過增加數兆美元的債務來實現的。

　　還有一個運算式顯示另一個現實——減少等式的任何一邊都會拖累GDP的總值。因此，如果G（政府支出）減少，將會拖累GDP。通常透過控制支出以及讓經濟的正常成長趕上赤字，可以實現預算平衡。但是許多國家的財政赤字上升這麼多，而且經濟成長如此疲軟，甚至需要大幅刪減支出或徵收新稅以協助減少財政赤字。

　　卡門・萊因哈特（Carmen Reinhart）和肯尼斯・羅格夫（Kenneth Rogoff）教授在其精彩而廣泛的著作《這次不一樣》（*This Time Is Different: Eight Centuries of Financial Folly*）中研究了過去幾百年來60個國家的250次金融危機。他們的研究結果之一是，在信貸危機引發的經濟衰退之後，各國至少需要6年到8年的時間才能恢復正常成長。危機爆發後的幾年，特色是經濟成長緩慢而且波動性更大、衰退更頻繁。

　　隨後各國及其公民必須使資產負債表恢復正常，而以前由

信貸所帶動的成長,現在必須來自更自然的機能性經濟成長,而機能性的經濟成長主要是由生產率提高所帶動的。成長減緩代表對正常經濟起伏的緩衝較少,就像天氣一樣(經濟危機時不時就會發生,就像暴風雨一樣)。1998年時,美國的經濟非常強勁,可以承受得住亞洲金融風暴的考驗,美國只是經濟稍微放緩。但是現在呢?同樣的金融事件可能會將美國推入衰退中。

只要一個國家能夠鼓勵私人企業投資和新創,並鼓勵現有企業尋找新市場和適應環境,那麼衰退和成長放緩的時期就會縮短。萊因哈特和羅格夫的資料顯示,政府在振興方面的支出,雖然給人一種政府在做事以及提供短期振興(就像類固醇)的錯覺,但並沒有增加實質GDP。真正的成長必須來自私人部門。

這需要時間,事情就是這樣。成立一間成功的新企業並不會一帆風順,大多數新創企業會在5年內倒閉。但是研究顯示,新的私人企業是創造淨新就業機會的群體。不是大企業,甚至不是小企業,而是新創企業!

這讓我們回到了起點

由於減少政府支出長期來說是好事，但是短期卻會造成影響，一個國家需要時間才能恢復到可持續的國家預算，因為一個新的、蓬勃發展的私人部門需要時間才能出現，並有足夠的資金來支付更多的稅收。這代表我們將處於一個成長緩慢的泥淖中，在未來10年大部分的時候，失業率將高得令人不安。這表示已開發國家股票的成長環境將放緩，這表示你需要一個新的視角來成功駕馭現在的股票市場。你需要不同的策略，而維塔利可以幫助你找到這個策略。

我們回到兩點：（1）資料清楚地顯示，在信貸危機之後的幾年，經濟衰退比平常更加不穩定而且頻繁。（2）通常需要至少3個負面事件才能讓投資人相信，情況真的不一樣。這就是我們在未來6到7年內可能的情況，正好平均長期盤整周期也剩下6、7年。

嗯……

我們是否會像過去的周期一樣，看到美國和其他已開發國家的股市估值持續下降？他們會像過去一樣完成一整個周期嗎？這些低估值，加上各國終於（！）整理好自己的財政狀況

（使得「G」放緩不再拖累經營），以及在這段期間發展的一系列新技術，會不會像一個緊緊纏繞的彈簧，引發另一個長期的牛市周期？這樣難道不是個有趣的韻律嗎？

另一個想法是：有許多新興市場國家剛開始債務超級循環。他們沒有受到太多債務的阻礙，因為（對他們來說幸運的是）沒有人會借錢給他們；他們對市場和創業具有新的熱情。請注意，因為他們很快就會與已開發國家分道揚鑣，走自己的路。

與此同時，我們正處於一個市場環境中，當漲潮推高了所有船隻，投資人必須比牛市期間更積極地投資。本書就像一個救生圈，可以幫助你在這些危險的水域中航行。請小心使用。

本文作者為Millennium Wave Investments的總裁，3度登上《紐約時報》（The New York Times）暢銷書作家，並著有《Endgame終結大債時代》（The Endgame, The End of the Debt Supercycle）。他也是每周免費電子信《前線的思考》（Thoughts from the Frontline）的作者，訂戶多達150多萬人。如需詳細資訊，請瀏覽：https://www.mauldineconomics.com/

推薦序

心態決定投資的穩健

Kelvin／價值投資人

在閱讀本書的過程中,我看到非常多自己在過往及現在投資的影子與類似情境,閱後讓我對於自身的投資方法及信念更加堅定。

每一章節都會有實際案例讓讀者可以更理解作者想表達的內容,而不只是單純用理論闡述。我認為對於強化價值投資的觀念非常有幫助,也讓讀者知道價值投資可以如何靈活地運用,其中更有許多細節值得細細品嚐。

書中有一觀點是我認為最重要的事情,而這件事情會連帶影響到其他的投資依據及紀律──那就是「**不虧損**」!

就像作者在書中說的,這真的非常老套、老生常談,誰喜歡虧損?誰想要虧?我們進入股市是為了賺錢,而不是為了不

虧損。假如我只想不虧損，何必要投資股市呢？怎麼不把錢放在銀行就好？

但我必須說，正是因為大部分的人都只想著賺錢，才會讓他們虧損，因為滿腦子只想著賺錢的時候，大部分、高機率都會忽略了「風險」，而風險就是容易導致虧損的主因。

換個角度來思考，當我們能夠做到不虧損或盡可能不虧損時，賺錢難道還會是個問題嗎？所以並不是說不虧損就代表不賺錢，反而是確保賺錢！

本書中，作者呼籲投資人去找到符合自身能力範圍內的股票，分析是否符合自己的標準（如競爭優勢、成長），並對其進行估值，確定合適的安全邊際後，如達到想要購買的價格就可以購入。短短的一段話，其中就囊括了「能力圈」、「估值」、「紀律」的重要概念。

「能力圈」是指每個人在特定領域內所具備的技能、知識、經驗、資源等相關能力。每個人都有自己的專業，我們應該在自己的能力範圍內，尋找可以投資的機會；在自己的能力圈內投資時，會有很好的判斷能力之外，也較不容易受到似是而非的新聞所誤導；對於持股的信心也會增強，進而更容易長

期持有該股票，享受公司獲利成長所帶來的股價上漲。

「**估值**」是判斷股票便宜或昂貴的方式，其中一個辦法就是看公司「過去的本益比」。因為不同的產業、公司，市場所給予的估值都不盡相同，而不是制式化的本益比，像是常見的12至20倍區間。如果公司目前的本益比是15倍，但是過去從沒有超過12倍，那麼表面上看起來現在的價格可能顯得不貴，但是相對於過去來說卻是相當昂貴的，除非公司有「質」的改變。

「**紀律**」是身為價值投資人，能持續買進不受青睞、但其估值卻很吸引人的績優公司的依據。對於價值投資人來說，以低於價值的價格買進股票是很常見的事情，但也必須習慣別人不認同自己的行為及觀念。如何讓自己在一片「不看好」的聲浪中，依舊堅持自己的投資方法，就是維持自身紀律的重要性。

當我們要買不受市場青睞的股票時，必須保有獨立思考的能力，因為此時市場中會充斥著各式各樣的利空消息。當發生不利於公司的事情時，很多已知的消息很容易被說成利空消息的徵兆，其實這些都只是散戶們看結果說故事罷了。

但要在這樣子的市場氛圍下,冷靜地做出正確的判斷,是非常考驗**人性**及**紀律**的。不妨將這本優質的價值投資書籍繼續看下去吧,一定能讓自己獲取嶄新的觀點及不一樣的收穫。

推薦序

駕馭膽小獅市場的價值投資指南

阿福の投資馬拉松／價值投資達人

打開這本書第1章,我就被「去一趟動物園吧」標題吸引,股票市場震盪波動,上漲趨勢稱為牛市,下跌趨勢稱為熊市,但是沒有方向的市場叫做什麼呢?本書作者維塔利・凱茨尼爾森給橫向盤整市場一個綽號:膽小獅,偶爾會有勇氣帶領股票上漲,但最後還是會被導致下跌的恐懼所淹沒。

市場波動不外是上漲、下跌、盤整,但是你知道嗎?人類投資歷史的景氣循環裡,盤整市場占了一半以上,傳統典型價值投資採取買進並持有策略,在牛市期間績效卓越,盤整期間經歷劇烈的上下震盪,最後股價沒什麼變化,凱茨尼爾森提供這套積極型價值投資框架,有別於傳統典型的買進持有型價值投資,可以讓你有效地駕馭盤整市場。

積極型價值投資法包括品質 × 成長 × 股票評價三個架

構,第一個架構是「品質」,高品質企業的理想清單包括可持續的競爭優勢、高品質的經營團隊、可預測的盈餘、龐大的自由現金流、強勁的資產負債表,還有高資本報酬率。

第二個架構是「成長」,成長包括了獲利成長(表示為盈餘或現金流成長)以及股利成長(表示為股利殖利率)。第三個架構是「股票評價」,股票評價工具很多,知道每個工具的優缺點,就可以對公司的價值做更精確的評價計算。在盤整市場使用本益比必須小心,尤其以過去牛市期間或是盤整初期為基準的相對估值,可能在盤整市場給投資人錯誤的買進訊號,解決方法是提升投資組合中股票的安全邊際。

我在閱讀這本書時,發現我的價值投資方法和凱茨尼爾森的核心觀念一致,選股邏輯是找有護城河競爭優勢的個股,具備無形資產(品牌、專利、特許執照)的獨特市場地位,產品服務與客戶營運緊密結合,透過經濟規模形成寡占市場,並且使用兩個量化指標來檢視公司護城河競爭優勢的持續性,包括股東權益報酬率(ROE)>15%、公司近5年獲利和近5年現金股息穩定成長。如果我剛投資時能有機會閱讀本書,就能避免過去跌跌撞撞的投資歷程,早點建立適合自己的價值投資方法,每位投資人都應該擁有一套投資獲利方法,然後重複執行這個過程,就能穩健獲利達成目標。

我認同凱茨尼爾森的看法,價值投資原則是戰略的核心,長期投資是一種態度、一種分析的方法,這個投資哲學不需要因為牛市或盤整市場而改變,但是執行方式需要稍做調整。「買進並持有」策略在長期牛市很有用,但盤整市場採用的是主動的買進及賣出策略:股票被低估時買進,完全反映價值後賣出,而不是等到股價被高估才賣出。

　　在我的拙作《配速持股法,我月領10萬》一書中提出的配速持股法,做法是「價值低估時買進加速,高估時減速的投資紀律,買進後長期持有,逐步累積資產」。股票評價工具是使用本益比法,透過財報數字計算出個股的便宜價、合理價、昂貴價,採用的是主動的買進及賣出策略,因此,配速持股法也屬於積極型價值投資法。閱讀本書後,我的配速持股法的執行方式也調整再進化,不變的是價值低估(股價低於合理價)時加速買進;調整的是賣出策略,盤整時期在股價高於合理價後賣出,牛市時期在股價接近昂貴價或超過昂貴價,獲利展望衰退時賣出。

　　對於如何重生成為價值投資人?本書提出逆向投資的好建議,意思是指能獨立於人群的思考和行動,試著發展出自己的意見。商業娛樂頻道上的大多數資訊,與每分鐘的天氣預報對於1年內不打算旅行的人來說一樣多。閱讀到此處,我特別有

感覺，難怪巴菲特要遠離華爾街的喧囂，這樣才能理性決策。我在48歲提早退休後，看盤時間變少，出國旅遊時間變多，思考時間變多，投資決策品質提高，績效變更好。

《積極型價值投資：突破盤整市場的終極投資法》是橫向盤整市場價值投資的實用指南，非常值得價值投資人閱讀。馬克・吐溫（Mark Twain）說：歷史不會重演，但是會有韻律。對於只有經歷過牛市的投資人，或是傳統典型買進持有型價值投資者，本書提供新的思維。在不久的將來進入盤整市場，你能準備好調整投資方式，成功駕馭膽小獅市場，積極致富。

前言

我們必須改變投資的方式

我父親的妹妹在1979年離開莫斯科。我不確定她是不是第一個發現布萊頓海灘的俄裔猶太移民，但她肯定在俄語成為當地主要語言之前就搬過去了。1991年，她邀請我們一家去美國，那時她已經離婚並再婚了。她的第二任丈夫是一名猶太拉比（Rabbi）[1]，在懷俄明州夏安市（Cheyenne）領導會眾。我先向懷俄明州道歉，因為我要說幸好我們沒有搬到夏安，而是在南部約100英里的丹佛（Denver）定居。

在健身俱樂部摺毛巾、在鄉村旅館收拾餐桌以及雜貨店裝袋之後，我第一份真正的工作是在科羅拉多州高登的一間投資公司。

---

1 編按：拉比為猶太人的精神領袖、宗教導師，拉比會主持禮拜，參加婚禮、喪禮、割禮等，對每位猶太人的一生有重大影響。

我是科羅拉多大學的大三生，被錄取是因為我的電腦技能。我寫了一個資料庫應用程式，他們到現在仍在使用。除了電腦之外，他們沒有其他工作要給我做，所以我被升為首席交易員（其實我是他們唯一的交易員）。交易員比我實際的頭銜還要好聽，因為我真正做的事就只是打電話或傳真交易單，但這份工作給了我一個機會，讓我花很多時間使用彭博終端機，讓我能夠與投資組合經理人談論股票。不久之後我就發現我喜歡投資。我第六次（也是最後一次）轉系，當時只剩下歷史系……算是吧。

我想成為分析師，但是他們並不需要分析師，所以我拿出電話簿，把我的履歷發給丹佛的每一間投資公司。我不知道投資管理協會（Investment Management Associates, Inc.，以下簡稱IMA）總裁麥克・康恩（Michael Conn）在我身上看到了什麼，因為那時我知道的並不多──也許我的野心和對知識的渴望很特別。能找到一個願意付錢給我分析股票的人，這真是太不可思議了。

IMA成立於1979年，而且過去的投資績效良好。自成立以來就一直投資高品質的公司，這些公司持續成長收益並以合理的估值交易。在我上班的第一天，麥克・康恩（現在是我的合夥人）很自豪地向我展示了他持有藥妝店沃爾格林

（Walgreens）、MBNA和其他股票的部位，這些股票都是他在十幾年前買進的。

他的成本比起當時的股票價格低很多，從他買進以來，很多支都上漲了10到20倍。買入並持有是有效的！

1997年和1998年對IMA來說是很好的一年；股票的漲幅與大盤一致，漲勢強勁——市場每年上漲約30%。但1999年卻是另一番景象。「合理」的估值要求使公司遠離網路股和大多數高科技公司，因為這些公司的商業模式毫無意義。1999年，熱門的股票每隔一個月就上漲一倍，而我們笨拙的優質股漲勢卻落後。標普500指數在1999年上漲了超過20%，而我們的股票幾乎沒有上漲。我們的客戶抱怨連連，但我們過去的績效讓他們願意留下來。隔年，我們的耐心就得到了回報——我們的股票上漲了，而大盤，尤其是網路股和科技股卻崩盤了。我們覺得自己是正確的，但是很短暫。

那是以合理的估值買進並持有好公司的古老策略奏效的最後一年。在接下來的幾年，大盤不是下跌，就是停滯不前。而我們也停滯不前。我們經歷了幾年的挫折，一開始我以為這和1999年的現象很類似：我們的股票只是暫時失寵；畢竟我們持有好公司的股票，怎麼會出錯呢？

在我參加的一次投資會議上，我忽然靈光乍現。一位演講者拿出一張對數比例的道瓊指數線圖（類似於第1章中的線圖）並指出，每當道瓊指數達到整數時（例如100或1000），就會停滯不前十幾年。那是2004年初，道瓊在10,000點左右反彈，所以演講者認為這是市場停滯不前的時候。他沒有解釋為什麼會發生這種情況──我並不是很相信他說「每次達到整數」的邏輯，但他還是讓我去思考他所描述的模式是否有合理的解釋。

我開始尋找答案。我仔細研究了一個世紀的股市和經濟數據，發現確實有一個非常合邏輯的解釋，為什麼有時市場幾十年都沒什麼趨勢。你必須讀這本書才能知道我學到了什麼，但我可以馬上告訴你一件事：這和整數沒什麼關係。

就像大多數人是由出生環境決定他們的宗教信仰一樣，身為投資人，我是在工作的環境中學到我的投資策略，也就是IMA公司的策略。我被教導要持有盈餘成長和估值合理的優質企業的股票，所以很自然地相信我們的投資策略優於所有其他公司。然而，好幾年的失敗和挫折會令一個人重新評估自己的信仰體系。經過仔細檢查，我發現我們的策略有一些重大的缺陷。

我們的股價合理──我們預期從中賺錢，因為公司的盈餘

會隨著時間的推移而上升,這將拉高股價;但是股價並不便宜,所以不能令華爾街失望。如果公司的盈餘只比市場共識低幾美分,那麼股票就會被判死亡。這些缺點被1980年代和1990年代的牛市掩蓋了,當時所有股票都在上漲;但盤整的市場就像一個巨大的放大鏡,會放大所有的缺點。

只有當過去牛市的整體估值持續到未來,我們股票的估值才是合理的,但我的研究使我相信,這種情況在很長一段時間內都不會發生。我們買進,很少賣;事實上,我們很自豪投資組合的周轉率很低。我們很痛苦地發現,買進並持有的策略並不是真的死了,而是處於長期昏迷狀態,等待著下一個遙遠的長期牛市來臨。

我們必須改變投資的方式。

我用我們現有的流程,針對盤整市場進行修改,再加入我所開發的工具和框架,並在安全邊際上擴展概念。我們不想擁有價格合理的股票;我們希望股價便宜得不合理。價值投資原則是我們戰略的核心,因此沒有理由重新發明這個戰略,但我們放棄了買進並持有的概念,成為買進也賣出的投資人。麥可・康恩比我大30歲,他已經投資了30多年,當有新證據時,他會願意改變我們的投資方式——我對此深表尊重和欽佩。這

就是我們如何成為活躍的價值投資人的故事。

新的投資流程進入我從2005年開始寫的一本書中,《積極型價值投資法:超越市場漲跌的贏家法則》(*Active Value Investing: Making Money in Range-Bound Markets*)於2007年由John Wiley & Sons出版。從出版以來,我在世界各地發表了數十次演講,參加了許多辯論,並接受了數百次採訪。可以公平地說,我現在對盤整市場的思考比我的第一本書出版之前還要多。我已經想出了如何把這個過程解釋得更清楚,並且從中學到了一些新東西。

此外,過去幾年來全球經濟改變了,我們的投資戰略必須適應我們所處的截然不同的經濟現實。現在似乎是時候將我最新的研究和分析的精髓提煉成這本書了,與第一本書不同的是,這不只是為我的同行(投資專業人士,認真、不能沒有股市的投資人)寫的,也是為對股票市場感興趣,非專業但是成熟、好奇的讀者寫的。

因為這本書很薄,我沒有在書中加入數十張無聊的統計表和線圖,讓你必須痛苦地翻閱;但是如果你突然有種無法控制的衝動想要看圖表,也可以在《積極型價值投資法》中找到,歡迎(免費)瀏覽:https://investor.fm/。

CHAPTER 1

繫好安全帶

劇烈震盪的市場將持續
很長一段時間

積極型價值投資：
突破盤整市場的終極投資法

準備好，市場即將劇烈震盪。道瓊工業指數和標普500指數在未來十幾年，走勢將會和前10年一樣：上下震盪、創新高和跌入多年低點。但是在這趟旅程結束時，指數和買進並持有的投資人會經歷類似遊樂園的上下震盪，並發現自己最後回到原點。這種歷程對乘坐雲霄飛車的遊客來說完全沒有問題，但對於想要投資和儲蓄的大多數人來說，這不是他們想要的。

這趟行程的長度、速度和曲折度仍有待歷史撰寫，但是長達18年然後在2000年結束的牛市，已經註定了接下來長期、平坦的軌跡。以歷史為鑑，一直到2020年左右（或前後幾年），美股走勢可能會繼續遲緩。歡迎來到橫向盤整的市場！

去一趟動物園吧

當我們想到市場方向時，我們是用二元用語思考：牛市—上漲，熊市—下跌。但是長時間下沒有方向的市場叫做什麼呢？這種被稱為「橫向盤整市場」，看起來與熊市有很大不同，儘管很少有區別。上個世紀的所有長期市場，不是牛市就是橫向盤整，除了一個例外。由於投資人習慣於將動物與市場方向連結起來，我建議給橫向盤整市場一個綽號：膽小獅，偶爾會有勇氣帶領股票上漲，但最後還是會被導致下跌的恐懼所

CHAPTER 1
繫好安全帶

淹沒。

＊我的第一本書《積極型價值投資法：超越市場漲跌的贏家法則》出版幾周後，我開始後悔將市場稱為區間波動，因為我經常被問到：「區間是多大的範圍？」在書中，我從未暗示我知道這些市場的範圍，但書名卻暗示了如此。「橫向盤整」能更準確地描述這種非常真實的市場，而且文字中的技術含量較低，所以也是我在本書中使用的術語。

我們也依照持續的時間來區分趨勢。長期市場描述的是一種持續5年以上的狀態，也許一個世代只會發生一次。周期性狀態是一個明顯較短的市場周期，持續幾個月到幾年。當我討論長期牛市、熊市或橫向盤整市場時，我會將這些稱為牛市、熊市和橫向盤整市場。在提到周期性市場時，我會使用「周期性」這個詞。

在20世紀，幾乎每一次長期的牛市都持續了大約15年左右，隨後則是一個膽小獅市，持續的時間也一樣長。如需證明，請參閱圖1.1。唯一的例外是大蕭條（Great Depression），熊市緊接著在牛市之後。橫向盤整和熊市的性質是完全不同的，你的投資策略也需要完全不同。

我們看看市場的長期景象。在圖1.1中，我們看到目前的橫向盤整市場是在1982年至2000年長期牛市之後開始的。從那以後，正如圖1.2所示，市場經歷了2年半的周期性（短期）熊市，然後是4年的周期性牛市，然後是我們非常熟悉的50%的跌勢，隨後是自2009年3月以來顯著的反彈。整體而言，市場在過了十幾年後，幾乎沒有什麼改變。如果你買的是指數型基金，或是買入並持有的長期投資人，那麼你幾乎就是回到10年前開始的原點。

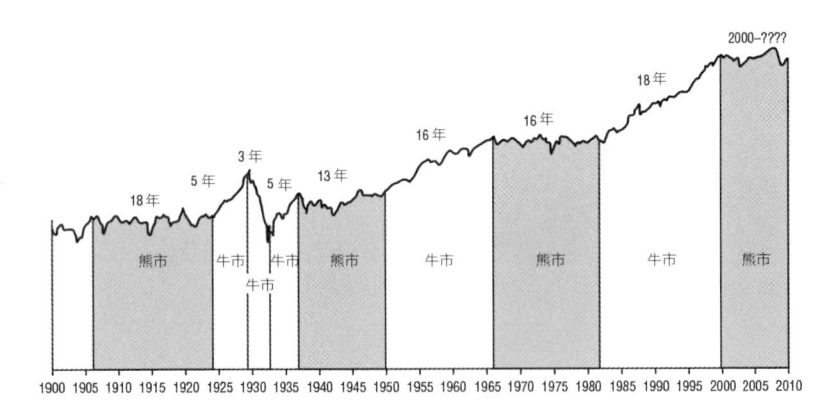

圖1.1　1900年至2010年道瓊工業指數的牛市或盤整表現

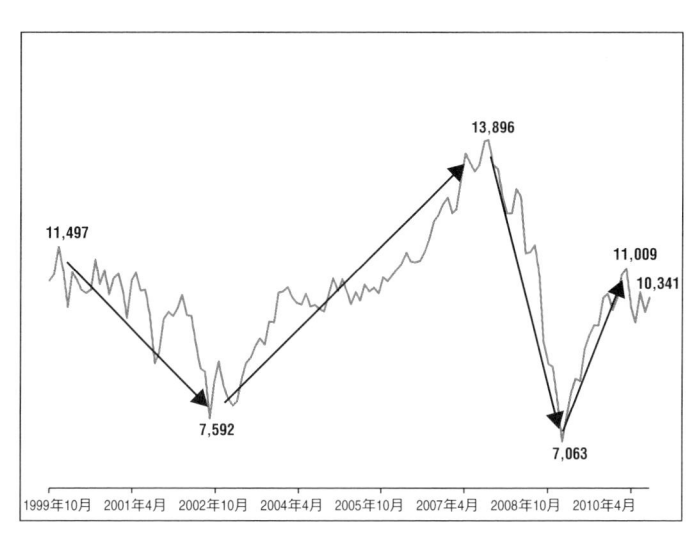

圖1.2　2000年至2010年道瓊工業指數盤整波動

（至少）兩人才能起舞

如果你問投資人未來10年股市會怎麼發展，他會告訴你他對經濟和獲利成長的預期，然後把這些變成對市場的預測。這種思維只解釋了股票市場（和個股）報酬率的一半，而忽略了另一個非常重要的變數，而且這個占股票獲利率很大一部分的變數就是：本益比（P/E）。本益比顯示的是投資人為一美元的獲利付出了多少：一間公司去年賺1美元，而股價15美元的股票，那麼本益比就是15。

長期下來，股價（不是幾分鐘或幾天，而是幾年）是由兩個因素驅動：獲利成長和股票評價變化（本益比）；再加上股利報酬，就掌握了股票總報酬的所有變數。下面的等式*（別擔心，本書中就只有這一個數學公式）說明了這一點：

股票的總報酬＝獲利成長或下跌
　　　　　　＋本益比的變化
　　　　　　＋股利殖利率

＊這個公式並不精確，因為它忽略了複利的力量。為了清楚起見，我只使用簡單的加法和減法，而沒有用乘法和除法來精確地表達。在後續的章節中，關於簡化概念的插圖，為了清楚起見，我將繼續不精確地使用我的公式，並忽略複利。

我討厭在投資時使用公式，因為公式通常缺點多於優點（尤其是那些帶有花俏希臘數學符號的公式），但這個公式很有幫助，並不危險。

我找出過去100年的經濟和股市數據，以不同方式分割成小塊，得出的結論只有一個可能：經濟表現和獲利成長在膽小獅市和牛市之間沒有太大的差別。雖然在短期內，經濟和獲利成長率是市場（周期性）波動的原因，但是從長遠來看，只要

CHAPTER 1 繫好安全帶

我們的經濟狀況普通(不是超級好或超級壞),那麼掌管市場的動物不是牛市就是膽小獅。

不相信我?沒關係

如果其他人預測市場將在未來10年內橫向盤整,而他是依靠過去的數據來做出這個令人不安的說法,我當然會持懷疑態度。畢竟,過去已經過去了,未來可能會不一樣。如果你對我到目前為止所說的話感到有點質疑,你有權這麼做,但是請耐心看完我的解釋。正如你會看到的,這個預測並沒有乍看之下那麼奇怪。

我是投資人,我生活中的一切都和股票有關,我幾乎沒有耐心聽人討論理論。所以這不是一本理論的書,這是橫向盤整市場價值投資的實用指南。在第2章和第3章中,我會解釋橫向盤整市場什麼,以及會如何影響我們。然後,我會用電影《屋頂上的提琴手》(Fiddler on the Roof)中的牛奶工、農民和價值投資人泰維(Tevye)的故事,讓你了解價值投資人是什麼。最後,我要介紹的是引導股票分析的框架,這個框架考慮了大衰退(the Great Recession)、2008年至2009年金融危機揮之不去的影響,以及日本和中國經濟狀況對未來的影響,以便你在面對持續的不確定性時,能安全穩定地調整自己的投資組合。

CHAPTER 2

盤整市場的世界觀

橫向盤整的市場會發生什麼事?

大多數的人（包括我在內）覺得關於股市的討論有點難以理解；對我們來說，理解個股要來得容易得多。既然股市只是個股的集合，我們就先來看看一個非常典型的盤整股：沃爾瑪（Wal-Mart）。這支股票將帶我們深入了解盤整市場中會發生的事情（請參閱圖2.1）。

雖然股東在過去10年來經歷了劇烈的震盪，但是最後股價卻沒什麼變化——它變成了一隻膽小獅。

在過去10年來，沃爾瑪的獲利幾乎增加了一倍，從每股1.25美元增加到3.42美元，以每年11.8%的驚人速度成長。這看起來不像是一間發展停滯、快要倒閉的公司；其實以一間營業額接近5,000億美元的公司來說，這是一個令人驚豔的表現；但是它的線圖卻會讓你相信並非如此。造成這種乏善可陳的表現，罪魁禍首就是股票評價——本益比——從45降到13.7，也就是每年約12.4%。這支股票沒有什麼表現，因為獲利成長的所有好處都被本益比下降所抵銷了。雖然營收成長逾一倍，獲利成長兩倍，但這間了不起的公司，股東的所有報酬都是來自不算多的股利。

CHAPTER 2
盤整市場的世界觀

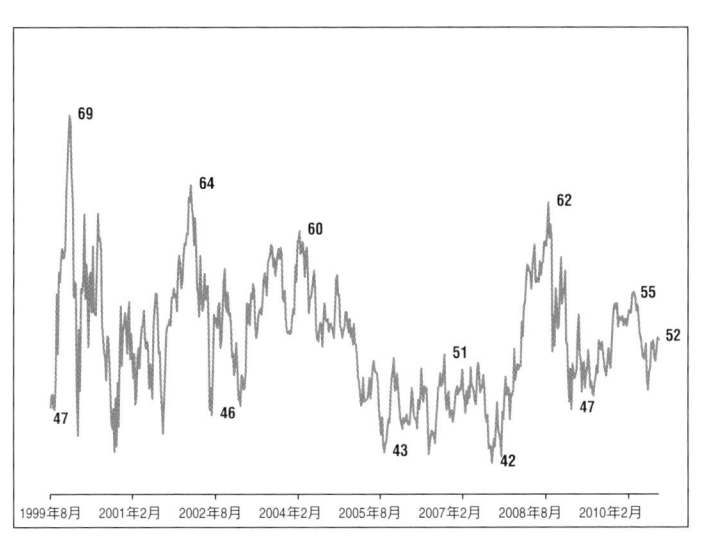

圖2.1 沃爾瑪,典型的橫向盤整股

這正是我們在大盤裡所看到的,股市是由非常多公司所組成的,這些公司的股價都在變動,但是在橫向盤整的市場中卻沒有什麼表現。

我們來仔細看看美國從1966年到1982年的最後一個橫向盤整市場。獲利每年成長約6.6%,而本益比下降4.2%;因此,股價每年上漲約2.2%。正如圖2.2所示,一個長期的橫向盤整市場充滿了小(周期性)牛市和熊市。1966年至1982年的市場有5個周期性牛市和5個周期性熊市。

這就是橫向盤整市場會發生的情況:兩種力量相互抗衡。獲利成長的好處被本益本壓縮(橫向盤整市場的主要因素)所抵銷:股票在很長一段時間內都沒有什麼變化,而(周期性)波動卻很大。雖然你可以耐心地收取股利,但在現今的環境下,股利非常微薄。

大致瀏覽一下現在的盤整市場,也可以看到類似的情況:本益比從30降到只剩19,每年4.6%,而獲利成長2.4%。這解釋了為什麼我們現在的情況幾乎和2000年時的水準差不多。

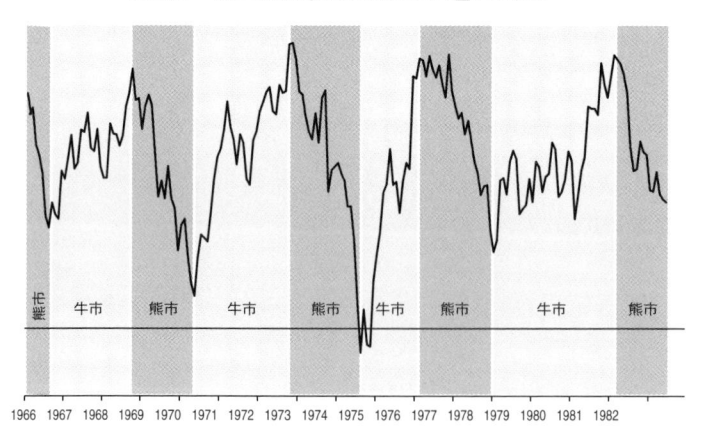

圖2.2　別因為情緒而錯過了這些周期

牛、熊和膽小獅

圖2.3顯示了每一次市場周期所需的經濟狀況和起始本益

CHAPTER 2 盤整市場的世界觀

比。從歷史上來看，獲利成長雖然在短期內有所波動，但與經濟成長（GDP）非常相似，平均每年約5%。如果大盤的本益比沒有改變，一直保持在平均15，那麼就不會有牛市或橫向盤整市場周期——根本不會有長期的市場周期！股價會隨著獲利成長而上漲，由於正常的經濟周期性，獲利成長會波動，但平均約為5%，投資人可以額外收取約4%的股利。這是在一個烏托邦世界中發生的事情，在那個世界裡的人們是完全理性、沒有感情的。但正如《星際大戰》（*Star Wars*）裡的大師尤達（Yoda）說的，這個世界不是烏托邦，人也不是理性的。

本益比從一個極端到另一個極端的過程，就是橫向盤整和牛市的原因：本益比從低點上升到高點創造牛市，而本益比從高點到低點的下降，就是盤整市場雲霄飛車的原因。

圖2.3 經濟成長＋起始本益比？

市場	經濟成長	起始股票評價（本益比）
牛市	平均	低
盤整	平均	高
熊市	差	高

熊市的發生需要兩個條件：高起始本益比、長期經濟不佳；兩者同時發生是一個致命的組合。高本益比反映了投資人對經濟的高預期。

經濟上的憂慮，例如失控的通貨膨脹、嚴重的通貨緊縮、收入降低或停滯不成長，或是這些因素的組合，使這些高預期變差。投資人沒有看到高於平均水準的經濟，而是經濟低於平均水準。很快地，熊市就開始了。

我們來看看20世紀美國唯一的長期熊市：大蕭條時期。本益比從19降到9，年成長率約為12.5%，獲利成長並沒有減輕打擊，因為獲利一年下降28.1%。因此股價一年下跌37.5%！

諷刺的是——這確實顯示，雖然我們稱投資是一門「科學」，但其實這是很主觀的——從1929年到1932年的股市下跌並不符合「長期」的定義，因為這只持續了不到5年。傳統、標準、長期的市場應該要持續超過5年。但我還是將大蕭條納入「長期」中，因為這件事改變了好幾個世代的投資人心理。此外，這是一個非常重要的事件：股票下跌了近90%，過了80年，我們還在談論這件事。*

* 如果我們從低股票評價和獲利萎縮（也就是經濟不佳）開始呢？雖然這種情況已經有100多年沒有發生過了，但這種組合可能會導致溫和的熊市或橫向盤整。結果將取決於起始本益比有多低，以及經濟衰退有多嚴重。

CHAPTER 2
盤整市場的世界觀

然而，日本的確發生了標準的長期熊市。從1980年代後期開始，在14年間，日本股市一年下跌8.2%，這種跌勢是由獲利（每年下降5.3%）和本益比（每年下降3%）的徹底崩潰所帶動的。日本股市處於熊市，因為股價昂貴，獲利下降了很久。在熊市中，本益比和獲利都下降。

在橫向盤整的市場中，本益比會下降。有句話說「報酬會很慘」，而橫向盤整市場就是這樣：投資人的本益比下降，遠低於前一波牛市的超額報酬。

我們來看看一個稍微令人愉快的話題：牛市。我們看到1982年至2000年期間長期牛市一個很好的例子。獲利每年成長約6.5%，本益比從10左右的極低水準上升到前所未有的30，使獲利成長又增加了7.7%。把正數加起來就會得到每年14.7%的複利報酬率，可以說是獲利非常高。再加上股利，你就能在近20年內獲得令人難以置信的18.2%的報酬率。難怪股票市場在1990年代後期成為所有人最喜歡的休閒活動。

人性的價格

關於市場的本質，100年的資料是否足以得出任何有意義的結論？學者們會爭辯說，我們需要長達數千年的股市資料，

才能得出有統計意義的結論。他們說的沒錯，但我們沒有那麼多資料。我並不是說統計資料顯示牛市之後就會盤整；我根本沒有足夠的資料可以這麼說。

> 大多數的時候，普通股不論漲跌都會受到非理性和過度的價格波動所影響，這是大多數人根深柢固的投機或賭博傾向的結果⋯⋯受制於希望、恐懼和貪婪。
> ——班傑明・葛拉漢（Benjamin Graham）

俗話說，事物變化愈大，就愈會維持不變。無論交易是透過電報提交的，就像在20世紀初那樣，還是透過線上券商的螢幕提交，就像今天的情況一樣，仍然是由人類開始的。所有人類都具備標準的情感能力，在某種程度上，這是可預測的。這些年下來，我們獲得的資訊愈來愈多，可以使用更高級、更快、更好的金融工具。無數的資訊觸手可及，僅10年前還只有少數幸運的人才能獲得這麼快速和豐富的資料。

儘管如此，人性就和10年、50年或100年前一樣，無論我們變得多麼複雜，我們的行為就像人類一樣。除非我們把所有的投資決策完全交給電腦去處理，否則市場仍將受到人類情緒的影響。

CHAPTER 2
盤整市場的世界觀

以下這個例子突顯牛市和膽小獅市的心理：

在牛市期間，股價上漲是因為獲利成長，本益比上升。因此，在本益比沒有變化的情況下，由於獲利成長，我們假設股票每年上漲5%。但是請記住，在牛市的開始階段，本益比會偏低，因此本益比上升的第一階段是正常化，也就是走向均值；隨著本益比上升，假設股票報酬每年增加7%。因此，股價上漲了12%（由於獲利成長而上漲5%，由於本益比增加而上漲了7%），這還不包括股利。過了一段時間後，投資人習慣了股票每年上漲12%。然而到了某個時候，本益比越過均值，第二階段開始：本益比衝上天了。一個新的典範誕生了：價格上漲12%是「新的平均值」，全國各地都可以聽到有人說「這次不一樣」。

50年或100年前，鐵路、電力、電話或高效率製造業的進步證明了「新的平均」報酬的合理性。投資人誤以為擴大本益比帶來的高股市報酬是因為經濟好，雖然有這麼多的進步，但經濟並沒有變成超快速成長的經濟體。在1990年代後期，在1982年至2000年牛市的後期階段，也有類似的情況，只不過現在改變遊戲規則的是即時庫存、電信和網路。然而，其實情況並沒有多大的不同，尤其是當超高報酬的唯一來源就是本益比擴大時，就絕對不會不同。本益比擴大並且遠超過平均水準

（15倍），所有人都想要擁有股票。人們都期望「新的平均值」會持續下去──每年12%的報酬率彷彿成了你與生俱來的權利。

本益比的目標可以設得很高，但永遠達不到目標。在長期牛市的後期，本益比不再上升。投資人「只」能從獲利成長獲得5%的報酬──投資人因而感到失望。雖然投資人對股票的熱愛還沒有結束，但是現在他們開始多元分散投資其他報酬更佳的資產類別（房地產、債券、商品、黃金等）。突然之間，股市的年成長率不是12%，甚至不是5%，而是接近於零──本益比下降消除了獲利成長5%所帶來的任何好處，盤整市場「失落的10年」（或2年）已經開始了。

這次沒有不一樣

自2007年以來，我已經做了幾十次關於盤整市場的演講。我發現人們對這種盤整市場的論點情緒很兩極，不是非常滿意就是非常不滿意。不同的情緒反應與我說的方式無關，而是和我演講當時的股市周期有關。

2007年時，每個人都認為我們正處於1982年牛市的新階段時，幸好在我提出盤整理論的會場上沒有提供雞蛋，否則聽眾

CHAPTER 2
盤整市場的世界觀

一定會拿雞蛋砸我。到了2008年底和2009年初,相較於聽眾對第二次大蕭條的情緒,我提出的盤整市場簡直就像是一線希望。

每個周期性牛市都被視為下一個長期牛市的開始,而每個周期性熊市都面臨著下一次大蕭條即將來臨的恐懼。一段時間過後,股票再次變得非常便宜,而且股息收益率終於變得有吸引力。盤整市場結束,牛市隨之而來。

☀ 在哪裡立足將決定你能待多久

股市似乎患有某種多重人格障礙。一個人格處於慢性的極度幸福狀態,另一個人格則患有嚴重的憂鬱症。兩者極少同時出現,通常其中一個人格會比另一個人格出現得更久。隨著時間過去,這些個性會相互抵銷,所以一般而言,股市是一個理性的傢伙。但股市很少出現一般的表現。

投資中最重要的概念之一是「均值回歸」,可惜的是,這個概念經常被誤解。「均值」是一系列低數位和高數位的平均值——非常簡單。在將回歸應用於均值概念時會出現混淆。投資人通常認為,當均值回歸發生時,所討論的數位穩定在均值,但其實並非如此。

儘管本益比可能在平均值穩定下來,但這並不是均值回歸概念所暗示的;相反地,這暗示了向平均值移動的趨勢(方向)。將人類的情感加入到組合中,本益比就會變成鐘擺——從一個極端擺到另一個極端(就像投資人的情緒一樣),而在中間花的時間很少。因此,合理地預期,在一段高於平均水準的本益比之後,一段時期的本益比應該低於平均水準,反之亦然。

自1900年以來,標普500指數的平均本益比約為15倍。但本益比介於13到17之間只花了四分之一的時間——「平均區域」,高於和低於平均水準兩點。在大多數情況下,市場只有在從一個非理性極端到另一個非理性極端時,才會達到公平股票評價。

均值回歸並沒有得到應有的重視。均值回歸之於投資,就像萬有引力法則之於物理學一樣重要。只要人類生來就是有感情的動物,市場周期就會持續下去,鐘擺將繼續從一個極端擺動到另一個極端。

CHAPTER 3

別遷怒傳遞訊息的人

事情該如何結束？

投資人必須非常小心本益比公式（P/E）中的E。一般人通常對P沒有任何疑慮——就是本金。標普500指數在2010年8月時為1,122.8點；這就是P。但是「E」則是完全不同的東西。

「E」通常需要正常化，因為獲利受到我們在特定時間經濟周期中的位置的巨大影響。盲目地使用「E」而不進行正常化，會導致分析股市和個股時得出錯誤的結論。在圖3.1中，過去市場周期的本益比是根據12個月的落後獲利計算所得的；但是，我使用2010年的估計獲利來證明當前的市場股票評價。問題是：2010年公布的估計值和標普500指數的營業利益分別為75美元和45美元。兩個數位之間的顯著區別是「一次性」費用永遠不會是一次性的。我將這兩個數字平均而得出了「E」為60美元。

然而，在我們試著計算市場的股票評價時，處理本益比中波動劇烈的「E」比較好的方式是使用10年落後盈餘。我們使用目前的「P」，但使用先前10年的平均獲利。別擔心，我不會要你計算平均值（本書提供免費計算，請參閱圖3.2）。

CHAPTER 3
別遷怒傳遞訊息的人

圖3.1 以標普500指數1年落後（公布的）盈餘計算的起始和結束本益比

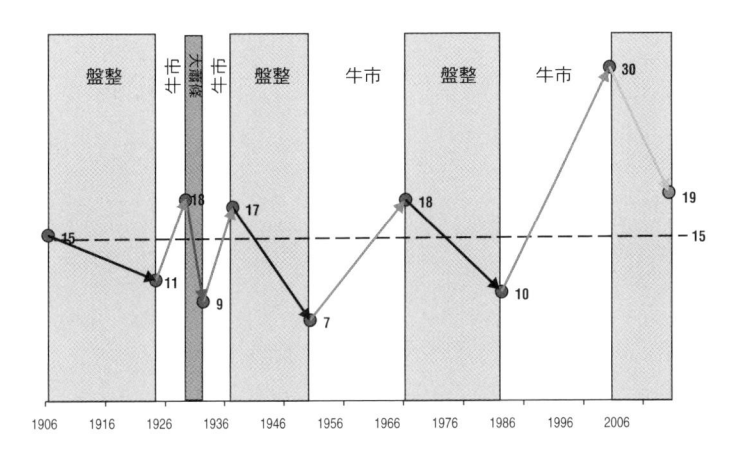

圖3.2 以標普500指數10年落後（公布的）盈餘計算的起始和結束本益比

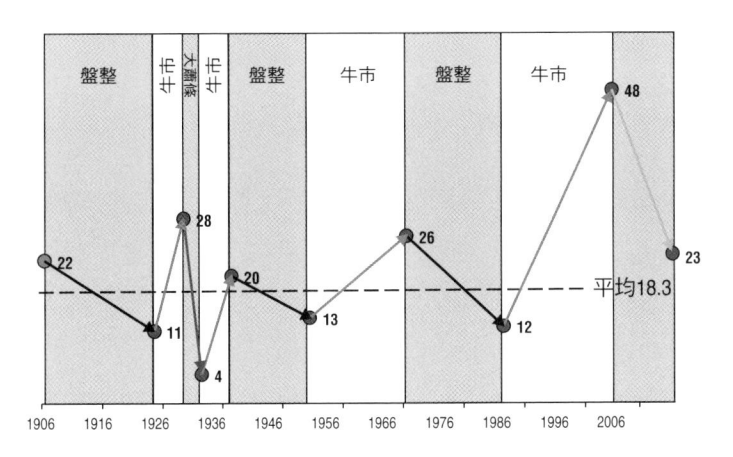

059

我承認，由於投資人從不看以10年落後獲利計算的個股本益比，所以這不是很直觀。但是當我們看股市時，10年落後本益比傾向消除（正常化）經濟周期性對獲利的影響，這是非常有用的。

目前的橫向盤整市場何時結束，本益比會是多少？在圖3.1和3.2中，我計算了過去一個世紀每個市場周期的開始和結束本益比。如讀者看到的，這兩個例子都顯示同樣的狀況：當時的橫向盤整始於我們在美國看到的任何牛市的最高本益比水準。

盤整市場開始時，股票的股票評價愈高，市場持續的時間可能就愈長。將較高的起始本益比降至低於平均水準需要更多時間和大量波動。

從這些例子中還可以明顯看出，即使投資人從大盤指數中獲得過去10年很少的報酬或沒有報酬，標普500指數的本益比仍然接近之前盤整市場的初始水準。股市並不便宜！雖然20世紀的盤整市場持續13年到18年，但目前的盤整市場已經具備了成為現代歷史上最長市場的所有條件。

股票不太可能以公平的股票評價結算──從來沒有這樣做

CHAPTER 3
別遷怒傳遞訊息的人

過,至少在20世紀是如此。這次也不太可能不一樣。

套用一句馬克・吐溫的話:歷史不會重演,但經常有韻律。有一個結果似乎可能發生:市場將在12個月落後本益比時觸底,將比15倍這個歷史平均水準還要低得多,就像20世紀每次整理結束時一樣。

✹ 市場現況如何?

到了2010年中,也就是1982到2000年牛市結束10年後、2008至2009年大衰退結束1年後,股票評價仍然很高,因為股票的交易價格是2010年獲利的19倍以上。圖3.1和3.2都顯示,今天的市場股票評價處於高於平均水準,我們離最終的本益比還很遠,本益比低於平均水準;因此,橫向盤整市場仍將繼續。

✹ 將獲利成長設定為定速巡航

想像一下,一列火車離開高本益比站,以固定的速度駛向低本益比站,這段旅程的持續時間由距離和速度決定。起始本益比愈高或結束本益比愈低,兩者之間的旅程就愈長;速度愈快——名目(包括通貨膨脹)獲利成長率——從高本益比站到

低本益比站所需的時間就愈短。

獲利成長率——也就是火車的速度——不是一成不變的。短期內的波動很大，隨著經濟周期性而加速或減速；但是，雖然有年度波動，從1930年到2000年，長期平均名目獲利成長只與平均水準相差幾個百分點，約為5%（通貨膨脹率約為3%）。

現在我們有了這個小框架，時間的問題變成了一個七年級的代數題目。我將使用10年的落後獲利資料來證明這一點。火車以23倍的獲利（當前股票評價）離開高本益比站，並將以13倍的獲利（過去的股票評價的範圍內）到達最終目的地——低本益比站。火車將以每年5%的平均速度行駛——我們的名義獲利成長。火車需要多少年才能到達目的地？答案是11.7年。

成長率和最終本益比是決定盤整將持續多久的不確定因素。名目成長有兩個部分，我們必須估計才能得出這個數字：實質獲利成長和通貨膨脹或通貨緊縮。大衰退造成的的後過是，我們可能會面臨更高的利率和更高的稅負，而使經濟成長降低。因此，如果實際經濟成長將比過去低1%，並假設通貨膨脹保持不變，平均獲利成長率為4%而不是5%，那麼盤整將需要大約14.5年才能結束。估計盤整的時間長度並不準確；我只是用數學來說明不同變數之間的關係。

CHAPTER 3
別遷怒傳遞訊息的人

未來會出現通貨膨脹還是通貨緊縮？我根本不知道。通貨膨脹似乎比通貨緊縮的可能性更高，但在我公司的投資組合中，我試著為這兩種結果做好準備。

☀ 你在通膨的哪一個區？

利率和通膨在股市周期中扮演什麼角色？傳統的觀點認為，低利率會導致高本益比，高利率導致低本益比。我認為傳統的觀點過於簡化。與其遵循傳統的思維，我們在圖3.3中透過不同的角度來看待世界，這張圖分為三個區域。（在下面的討論中，我將交替使用短期利率和通貨膨脹，因為這兩者的關係密切。）

- **通貨緊縮的死亡區（Dead Zone）**——當存在重大通貨緊縮風險時，利率和通貨膨脹會徘徊在這個區域。
- **和平區**——當利率和通貨膨脹處於正常狀態時。
- **通貨膨脹的死亡區**——當利率高於正常水準時，投資人就會開始擔心高通膨，這也是應該的，因為通膨會侵蝕股票的實際報酬。利率是投資人用來折算未來現金流貼現率的重要組成部分；較高的貼現率代表未來的現金流在今天的價值更低，因此本益比較低（這與傳統的觀點一致）。

凱因斯（John Maynard Keynes）曾經說：「我寧願勉強算是正確，也不要確定錯誤。」以上這些分區就是勉強算是正確。

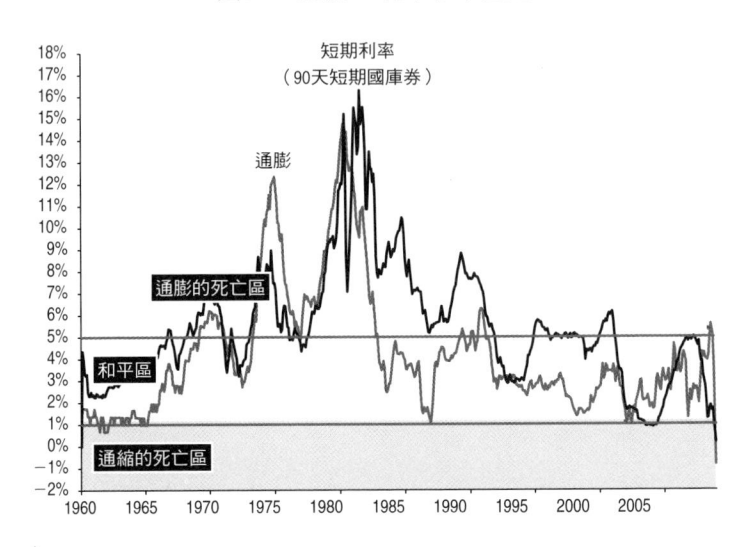

圖3.3　通膨、利率和本益比

當通膨率低於一定水準時，例如1%，我們進入通縮的死亡區，投資人開始擔心會陷入通貨緊縮——物價長期下跌。通縮帶來了截然不同的風險：導致企業收入下滑，而成本通常是固定的，所以不會下降。公司開始虧損，有些甚至破產了。此外，不同於通貨膨脹時期，聯準會幾乎沒有對抗通縮的武器；因此企業在很大的程度上必須自求多福。

CHAPTER 3
別遷怒傳遞訊息的人

儘管低利率有利於折算未來現金流中使用的貼現率，但是這個公式不可或缺的一部分，也就是風險溢價卻飆升。這在一定程度上解釋了日本股市的本益比崩潰的原因——過去20年來，它從65左右降到只有15左右，而利率從將近10降低到幾乎為0。低利率是生病的經濟所造成的，而不是經濟強大。

這些區域之間的移動也非常重要。艾德・伊斯特林（Ed Easterling）在他精彩的著作《意外的報酬》（*Unexpected Returns*）中指出：朝向穩定（從通膨和通縮的死亡區走向和平區）移動對本益比非常有利，而遠離穩定（和平區）的移動對本益比則是不利的。

利率／通膨在股市周期中扮演次要角色，人類心理才是這場遊戲的主導者。利率和通膨決定了市場周期最後將在哪裡。例如，若在1990年代中期，利率沒有停留在和平區較低的位置（也就是非常低利率），而是徘徊在8%至9%左右，也就是通膨的死亡區，那麼長期牛市就會更早結束且本益比會較低——略高於20，而非30以上。此外，如果利率／通膨在1970年代後期處於低個位數而不是兩位數，那麼1966年至1982年的盤整市場可能會更早結束，而且本益比會更高。

高通膨和通貨緊縮都會壓縮最終目的本益比，進而拉長導

致最終本益比的軌道長度。然而,通膨將使名目獲利成長——也就是速度——進而縮短火車在軌道上花費的時間,這一點非常重要。反之,通縮將降低名目成長率,進而延長這段旅程。這對股票是雙重不利的情形。

股利未獲得應有的尊重

如果我是股利,我一定會開除我的公關人員。我會嫉妒而且覺得被忽視,因為股價得到的關注遠高於應得的注意。存入券商帳戶的股利不會獲得重視,股利只有在被刪減的時候才會受到關注,因為刪減(或不發放)股利通常會伴隨著股價下跌。股票是受害者,而股利是壞人。但如果我是股利,我會更生氣,因為我從來沒有得到應得的名聲;過去的100多年來,股市的報酬有一半來自股利發放。

想一想,如果你有幸活在過去的100多年,而且你把輕鬆和辛苦賺來的錢都投資在股市裡,那麼你有一半的報酬是來自股利。高達一半呢!更有趣的是:在過去3次盤整市場中,股利占股市報酬的90%以上。

我不想解釋太多數學的東西,但是股利收益率是兩個因素的函數:股利支付和大盤的評價。「股利支付」是公司董事會

CHAPTER 3
別遷怒傳遞訊息的人

決定與投資人分享收益的百分比。在上一個世紀,股利支付約為獲利的60%;然而從1990年代中期到2000年代中期,由於經營團隊傾向於實施庫藏股而不是支付投資人股利,導致股利支付率下降到30%左右。從2008年到2009年,股利支付率又回到了60%左右,但是先別急著開始慶祝,你需要了解一個小細節:這是因為大衰退期間,股利殖利率下降的速度比股利刪減的速度還要快得多。以較正常的獲利來計算的話,根據歷史標準來說,股利支付率仍然非常低。

若要了解股票評價如何影響股利殖利率,我們需要認識一下本益比的倒數,也就是獲利除以價格的「股利殖利率」(E/P)。假設有兩間公司,A公司和B公司,兩間公司的股價都是100美元,並支付其收入的60%,但A公司和B公司的收入分別為10美元和1美元。A公司的本益比為10(100美元的價格除以10美元的獲利),股利殖利率為10%;而B公司的本益比為100(100美元的價格除以1美元的收益),股利殖利率為1%。由於兩者都支付相同的60%的獲利,因此A和B的股利殖利率分別為6%和0.6%。

標普500指數目前的股利殖利率只有2%,不到過去一個世紀股票平均股利殖利率的一半。從歷史上來看,盤整市場在股利殖利率在5%至6%之間時結束。但重要的是,殖利率現在很

低,不只是因為股利支付率低。就算將60%的股利支付率套用至標普500指數的2010年預期獲利,殖利率仍只有3.2%(2010年8月時)。雖然我們認為是股利支付率太低,但這只是股利殖利率低的原因之一;股票評價(高本益比或低本益比)與低股利殖利率相同甚至更多。

因此,這是我們將進一步詳細討論的另一點:由於在過去的橫盤市場中,股利占總報酬的90%以上,你真的想買進大盤(例如標普500指數),讓你總報酬的9成只有2%嗎?

> 關於未來,我們唯一所知就是——未來會不一樣。
> ——彼得・杜拉克(Peter Drucker)

我在科羅拉多州的百年機場紀念品店,買了一件T恤送給我的太太當母親節禮物,衣服上有一張塞斯納飛機的圖,下面寫著「觸地起飛」。這個詞是飛行員學習駕駛飛機時所執行的動作,指的是飛行員降落在跑道上後,沒有完全停止就又再次起飛。

橫向盤整市場通常不會觸地起飛。這種市場不會觸及低於平均水準的股票評價,然後又上漲。反之,通常會花大約一半

CHAPTER 3
別遷怒傳遞訊息的人

的時間停在地面上,低於平均水準,然後才開始牛市的旅程。過去盤整市場通常會落在低於平均水準的區域,然後本益比只是在股價和較小程度的獲利波動的推動下滑行並反彈。

你擁有哪支股票才重要!

在長期牛市期間,一隻穿著正式、矇著眼睛的猴子對《華爾街日報》(*The Wall Street Journal*)的股票桌投擲飛鏢,可能會選擇一個由100支股票組成的投資組合,這些股票的表現比債券更好。圖3.4顯示了1982年至2000年牛市期間股票、長期債券和國庫券的實際(經通膨調整後)表現。在那段時間,債券表現嚴重落後,因此持有股票這種資產類別——無論是指數型基金還是一籃子股票——才是正確的選擇。

橫向盤整市場則非常不同。從歷史上看,股票表現僅略優於債券,有時甚至略差。正如圖3.5中所示,在1966年至1982年的橫向盤整時,股票的表現幾乎沒有超越長期債券,而且被國庫券打敗。根據未來10年的利率和通膨的情形,大盤指數可能是也可能不是優於債券的投資,因為本益比擴張不會成為股票報酬的來源。

圖3.4　股市崩盤時的債券與國庫券

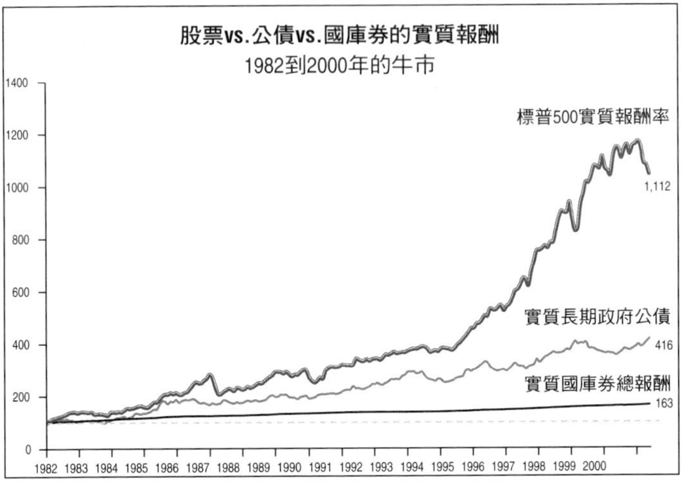
股票vs.公債vs.國庫券的實質報酬
1982到2000年的牛市
標普500實質報酬率
1,112
實質長期政府公債
416
實質國庫券總報酬
163
0
200
400
600
800
1000
1200
1400
1982 1983 1984 1985 1986 1987 1988 1989 1990 1991 1992 1993 1994 1995 1996 1997 1998 1999 2000

資料來源：本書作者著作《積極型價值投資法：超越市場漲跌的贏家法則》(John Wiley & Sons, 2007, page 70).Reprinted with permission of John Wiley & Sons, Inc.

數據來源：國庫券與債券——Ibbotson; CPI and Stocks (S&P 500) — Robert J. Shiller. Exhibits sourced Ibbotson Associates are from: *Stocks, Bonds, Bills and Inflation 2007 Classic Edition Yearbook* . © 2010 Morningstar. All rights reserved. Used with permission. Copies of the *Yearbook* may be acquired directly from Morningstar. For more information, please visit www.morningstar.com.

CHAPTER 3 別遷怒傳遞訊息的人

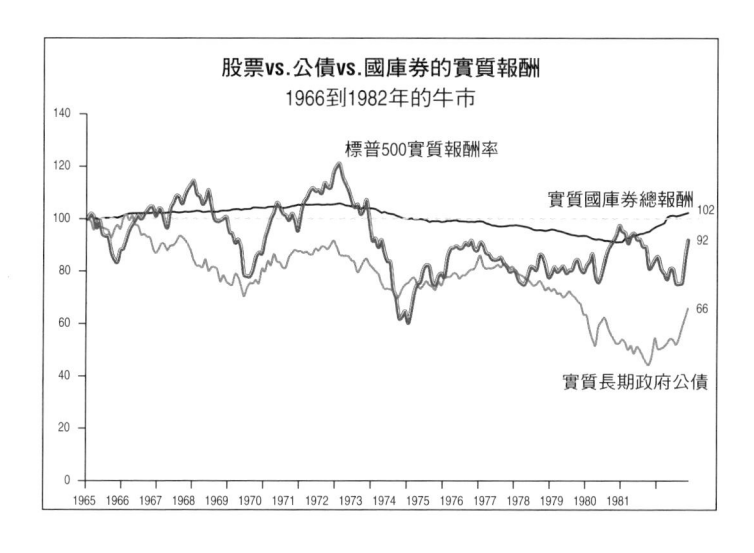

圖3.5 股票沒有比「現金」好

股票vs.公債vs.國庫券的實質報酬
1966到1982年的牛市

標普500實質報酬率
實質國庫券總報酬 102
92
66
實質長期政府公債

資料來源：本書作者著作《積極型價值投資法：超越市場漲跌的贏家法則》(John Wiley & Sons, 2007, page 70).Reprinted with permission of John Wiley & Sons, Inc.

數據來源：國庫券與債券 ——Ibbotson; CPI and Stocks (S&P 500) — Robert J. Shiller. Exhibits sourced Ibbotson Associates are from: *Stocks, Bonds, Bills and Inflation 2007 Classic Edition Yearbook* . © 2010 Morningstar. All rights reserved. Used with permission. Copies of the *Yearbook* may be acquired directly from Morningstar. For more information, please visit www.morningstar.com.

　　但是有好消息――正確的股票在盤整市場中占據主導地位！在牛市中，所有股票績效都會超越債券。擁有大盤――被

071

動買入並持有策略——會創造奇蹟。在盤整市場中,並非所有股票都會超越固定收益工具;只有對的股票才會。在盤整市場中,精心調整、積極管理的投資組合,最有機會超越債券和短期國庫券的績效。在這種低報酬的環境中,必須使用嚴格的選股和有紀律的買賣策略才會賺到錢。

相較於一般優質股票,在盤整市場中投資於固定收益工具的機會成本遠低於牛市。不要只是為了投資而擁有股票,如果沒有好的股票投資——對的股票,固定收益工具(或現金)可以代替「一般的」股票。

對的股票是什麼?本書下一部分將告訴你!

CHAPTER 4 有錢人的模樣

真正的價值投資人

接著我要介紹我的偶像：酪農泰維。你在投資書籍中從沒讀過他的事嗎？泰維是夏隆‧艾雷肯（Shalom Aleichem）書中的人物，這個故事後來被改編成《屋頂上的提琴手》。

泰維是我的偶像，不只是因為他具備世俗的智慧，或是他會唱歌，或是因為他是個很好的父親，或是因為他的故事把我祖先的回憶變得很美好。我欣賞泰維是因為他是個務實的價值投資人。

泰維生活在東歐的一個小村莊裡；他是一名農夫和牛奶工。他雖然不熟悉一句格言：**任何資產的價值都是資產未來現金流的現值**，但是他並未因此而無法應用這些原則。

泰維的故事突顯出價值投資完整的意義：透過評估風險來分析資產，無論是牛、股票還是債券，估價或弄清楚其價值，並計算合適的購買價格。如果資產以理想的價格或低於理想價格交易就買進；如果沒有，就耐心等待直到達到目標價格。

就這麼簡單！可惜的是，市場的噪音常會令我們偏離了這個簡單的道路，但真的就是這麼簡單。在日常的噪音中，我常常會想到泰維以保持專注。

CHAPTER 4
有錢人的模樣

✺ 酪農泰維的故事

泰維需要買一頭年輕的母牛,他打算給牛取名高德,和他的第一任妻子同名。根據之前的經驗,他預期高德一年能產出2,500加侖的牛奶,這樣他一年就能有3,000元的收入。在支付了穀倉、高品質的飼料、釘子、頂級獸醫服務、雇用失業的侄子來照顧高德並擠奶,以及稅金等費用之後,預期一年賣牛奶能賺1,000元(請參閱圖4.1)。

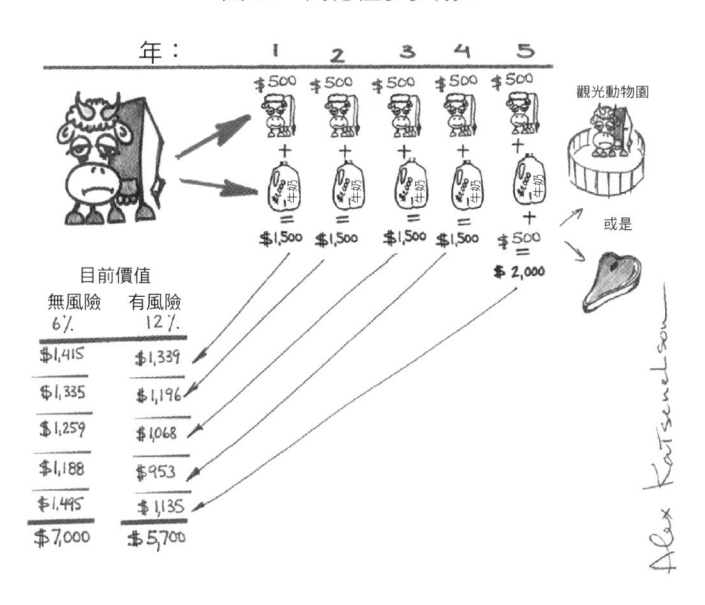

圖4.1 高德值多少錢?

資料來源:本書作者著作《積極型價值投資法:超越市場漲跌的贏家法則》(John Wiley & Sons, 2007, page 121).Reprinted with permission of John Wiley & Sons, Inc.

075

泰維進一步預期高德每年會生一頭小牛（這對母牛來說是很正常的），然後他會把小牛以（稅後）500元的價值拍賣掉。在辛苦工作5年後，高德的牛奶產量可能會開始減少，泰維就可以用500元把700磅重的高德賣給他的肉販朋友。如果不想看到高德被殺，他可以把牠賣給當地的觀光動物園——畢竟他是個心地善良的人。雖然泰維不知道，但是賣出高德的那筆錢就是牠的最終價值。

母牛高德值多少？

對泰維來說，高德頂多價值8,000元。他想，高德生產牛奶（1,000）和小牛（500），一年可以創造1,500元的現金流，持續5年——那就是7,500元，加上5年到期後把高德賣給肉販或觀光動物園的500元。所以泰維想，花超過8,000元買進高德並不合理。

但是他希望在5年期間收到的8,000元，和他現在所支付的8,000元並不一樣——5年內會發生很多事，包括通貨膨脹；或是泰維可以把錢花在其他地方的機會，也就是他的機會成本。

泰維的女婿是一位銀行家，他發現泰維在考慮買下高德。為了贏得岳父的好感，他（代替工作的銀行）提議融資高德的

未來現金流，方法是現在就提供泰維7,000元。交換條件是，泰維必須同意，每年要支付銀行1,500元，連續5年，以及5年到期後賣出高德的500元。換句話說，女婿的銀行會融資購買高德的費用，利息是6%（或是如果泰維願意的話，他可以把錢存在銀行，並收取6%的利息）。

泰維認為自己不需要融資，但是女婿告訴他一件重要的事：如果泰維可以絕對確定地預測高德的現金流，讓這筆交易完全沒有風險，那麼就可以接受女婿的提議，在拍賣會上以最多7,000元買下高德。但是何必花7,000元買下高德呢？他大可以把錢存在女婿工作的銀行裡，每年賺取6%就變成了女婿的責任了。

如果泰維以7,000元買下高德，通膨和機會成本都會得到補償，但風險卻沒有得到補償，而且有非常多的風險：

- 高德可能會生病。
- 飼料費用可能會飆漲，而泰維可能無法將牛奶漲價以彌補這筆費用，導致賣牛奶成了沒有獲利的苦差事。
- 因為池塘另一邊的其他酪農的競爭，牛奶價格可能下跌。
- 「其他」類型的奶可能會占了當地超市售貨架「真正

的」牛奶的價值。(泰維從來就看不慣豆奶這種東西,他稱之為豆汁。他對女兒們說:「等你們找到有乳房的黃豆,我就會叫它豆『奶』」。)
- 泰維不認識的官員可能會調高稅金,以提供資金去做泰維不了解或不在乎的事情。

泰維的直覺和經驗告訴他,他至少應該要求女婿向他提供無風險利率6%的兩倍,並要求高德的風險現金流獲得12%的報酬率。這將使高德的公平價值(又稱為內在價值)達到約5,700元。換句話說,與其將高德的現金流(將未來的現金流帶到今天的價值)貼現6%——當女婿向泰維提供7,000元時就是這麼做的——泰維認為他應該使用12%,如圖4.1所示。有人可能會說,這等於是要求6%的溢價,而不是6%的無風險利率。

如果泰維以5,700元買下高德,那麼通膨、機會成本和擁有一頭牛的風險就會獲得補償。

當然,未來現金流的不可預測性也可能對他有利。牛奶價格可能會上漲,飼料價格和稅收可能會下降,牛肉價格可能會攀升,高德可能會變成一頭超級奶牛,生產的牛奶比預期的要多得多,或者觀光動物園可能會花比他預期高出好幾倍的錢買

CHAPTER 4
有錢人的模樣

下高德。然而,他多年的經驗教會了他抱最好的期望、做最壞的準備。如果未來比他所預期的更好,那將會是很好的獎勵,他就能夠在房子裡安裝室內管道。

考量風險

> 安全邊際要視支付的價格而定。資產在某個價格時,安全邊際會很大,而另一個價格時,安全邊際則很小,在某個更高的價格則是完全沒有安全邊際。
> ——班傑明・葛拉漢,《智慧型股票投資人》
> (*The Intelligent Investor*)

泰維從未見過班傑明・葛拉漢,也沒有讀過他的書《智慧型股票投資人》;他從來沒有聽過葛拉漢在著作中推廣的「安全邊際」的概念——以低於公平價值的價格買進股票。但是泰維有幾個女兒,他必須支付婚禮的開銷,因此他是一個謹慎的農夫。他認為,如果他以公平價值買進一些東西(正如我們所看到的,在考慮風險後,5,700元就會是高德的公平價值),那麼他幾乎沒有犯錯的餘地。即使他的預測是正確的,仍然有許多變數是他無法控制或預測的。他知道,預測很少是正確的,事情通常比較容易出差錯,而不是往正確的方向發展。

圖4.2　高德的絕對價值評估統計數據

高德的所有現金流總和	$ 8,000
如果以要求的「無風險」報酬6%折算現金流	$ 7,000
如果以12%風險報酬率折算泰維對公平價值的觀點	$ 5,700
購買高德的價格（安全邊際25%）	$ 4,300

資料來源：本書作者著作《積極型價值投資法：超越市場漲跌的贏家法則》(John Wiley & Sons, 2007, page 122). Reprinted with permission of John Wiley & Sons, Inc.

使用12%的風險利率折算高德的現金流，讓泰維有一些犯錯的空間（請參閱圖4.2）。6%的風險溢價提供1,300元的風險溢價空間（7,000元和5,700元之間的差額）。但是，如果以5,700元的公平價值購買高德，而且現金流低於泰維的估計，那麼他所承擔的風險將無法獲得全額補償。因此，他需要以安全邊際購買高德。

基於兩個原因，他需要安全邊際以保護自己：

(1) 如果事情符合他的預期或是更好，那麼他可以用低於估計的5,700元的公平價值買下高德，還能獲得額外的報酬。舉例來說，如果他以4,300元的價格買下高德，

CHAPTER 4
有錢人的模樣

大約有25%的安全邊際,而且所有假設都按照他的預期,那麼除了獲得12%的年報酬率外,泰維還將從安全邊際中賺取1,400元。

(2) 更重要的是,如果泰維在預測未來現金流時犯了錯誤,或是一些風險出現並影響了現金流,他將有一個安全邊際可以依靠。安全邊際為25%時,現金流可能會減少1,400元,而他的年報酬率仍將會維持在12%。

知道這些後,泰維前往拍賣會場尋找他要的高德。

牲畜拍賣會

泰維在拍賣的第一天沒有買下高德。當天的天氣晴朗,其他農民對牲畜市場的前景感到興奮,競標者對牛的出價太高——許多牛的售價超過了牠們的內在價值。許多農民非常興奮,忘記了自己是農民,瘋狂地購買牛隻而無視預期的現金流,希望其他農民明天會用更高的價格買下這些牛隻。

第二天比第一天的拍賣更熱絡,但泰維仍然沒有買到他的高德。因為價格還是太高了,但是他並沒有沉迷於市場行為和價格,而是對可供出售的牛隻做了額外的研究。他找到了最好

的品種,那些不容易生病,而且產奶量有可能給他帶來驚喜的品種。

第三天就是泰維出手的日子——買下高德。那天下雨,牛隻的價格和天氣一樣變差了。許多失望的農民才剛以高於其內在價值的價格購買牛隻,希望出售牛隻能獲利,現在卻以任何價格出售牛隻,就只是為了能回收一點投資的資金。除此之外,隔壁的酒品店大特賣,許多心灰意冷的農民就把握這個機會去買酒了。

泰維找到了他要的高德。牠不是拍賣會中最好的牛,但絕對是最好的品種;牠符合泰維的所有嚴格品質標準,而且最好的是,泰維以25%的安全邊際買下牠——他只付了4,300元!

最終結算

泰維連想都不想,使用折算過的現金流模型來分析購買高德這件事。他估計了價值的驅動因子:

- 收益——牛奶、小牛、肉(或是賣給觀光動物園的收益)——幾年下來牠能創造的收入。
- 照顧自己最喜歡的牛相關的成本,而且這頭牛具備和他

CHAPTER 4
有錢人的模樣

　　第一任妻子所有的性格特徵（性情平穩、合作、容易照顧）。
- 牠的壽命——高德能持續生產優質牛奶的時間愈長，就愈有價值。（請注意，同樣的邏輯也適用於股票估值。一間公司的競爭優勢愈持久，你就會愈有信心預測其現金流，你會預測的現金流就愈遠，公司的價值就愈大。）
- 外部風險因素——消費者需求的改變、稅金、政治風險、乳製品行業的監管等。

　　預估所有這些創造價值（或者可能是破壞價值）的因素是一項非常重要的心智練習，因為這麼做能使泰維從農民的角度來思考，而不是像投機者一樣善變的心態。

　　他相信，在牲畜拍賣會的第一天，其他酪農若是能根據牛的預期現金流做出決定，他們就不會瘋狂亂買乳牛，彷彿牛奶會像伏特加一樣值錢。做折算現金流分析，可以讓陽光明媚的日子和牛價上漲帶來的興奮情緒稍微冷卻，並使農民不會變成投機者。

　　這個分析和確定高德價值的過程，散發出一種虛假的精確表象，但對泰維來說，這絕不是精確的。他知道，任何時候使

用簡單的數學計算就能知道，精準的虛假表象都是很難避免的事。對於泰維來說，這是一個思考報酬和風險的框架；這讓他能夠引入他的真實世界經驗並量化他的假設。這個過程也能幫助他了解哪些創造和破壞高德價值的因素，具有最大的潛在影響力。

如果泰維找到一頭他喜歡的牛，但他不太確定牠能創造的現金流——也許這頭牛的血統有疾病史，或者缺少他要的高德的耐力——他可以提高折現率（也許使用15%而不是12%），或是提高所需的安全邊際（也許從25%提高到40%）。

外在（不是奶牛特有的）因素也可能迫使泰維重新考慮他的折現率或安全邊際。每隔一段時間，新的政府就會向農民做出政府無法兌現的承諾，後來就不得不提高稅收或印鈔票來兌現這些承諾。更高的稅收會以非常明顯的方式減少他的利潤，而高通膨則會以較微妙的方式侵蝕他的利潤；或是，正如泰維最喜歡的思想家尤吉・貝拉（Yogi Berra，譯注：1940至1960年代美國職棒大聯盟的傳奇補手，後轉任教練）說過的：「一毛錢的硬幣，其價值再也不如一毛錢了。」無論哪種方式，如果泰維覺得現任政府正在做出無法兌現的承諾，他就會開始主動提高所需的報酬率或安全邊際。

CHAPTER 4
有錢人的模樣

泰維雖然疼愛那個受過太多教育的銀行家女婿,因為女婿會照顧他的女兒。但泰維相當肯定,銀行家花俏的價值評估模型是用帶有希臘符號的優雅公式計算的,雖能提供看似精美的精確答案,但卻缺乏常識。

價格除以「任何東西」

泰維使用了一些捷徑來幫助他購買高德。這些是「價格／任何東西」的比率(更準確地說,就是「價格除以任何東西」),其中的任何東西可以是獲利、現金流、收入、加侖牛奶或其他任何東西!他的女婿稱這些為相對評價工具,因為這些在價格和價值創造因素(「任何東西」)之間建立了相對價值關聯。

相對價值工具一開始對泰維來說並不是很直覺,但是在使用了一段時間後,他認為這些工具很簡單而且容易使用。

一段時間後,價格與現金流開始吸引泰維的直覺。如圖4.3所示,以5,700元(高德的公平價值)計算,他將支付高德每年現金流1,500元的3.8倍(5,700元除以1,500元),因此他只需要不到4年的時間就可以達到收支平衡。

圖4.3　高德以及其他類似母牛的相對價值評估統計

	價格除以現金流
過去5年最高價格：$12,000	8倍
年輕農民買進類似高德的母牛的花費：$10,500	7倍
泰維認為高德的公平價格：$5,700	3.8倍
高德的買進價格（25%的安全邊際）：$4,300	2.9倍
前5年最低價：$4,050	2.7倍

資料來源：本書作者著作《積極型價值投資法：超越市場漲跌的贏家法則》(John Wiley & Sons, 2007, page 126).Reprinted with permission of John Wiley & Sons, Inc.

雖然估算和折現高德的現金流，使泰維能夠深入了解高德的絕對價值，但相對估值工具為價值創造因素（在考慮高德的過去或與其他奶牛的評價有關時）提供了相對評估的標準。泰維發現，「價格除以任何東西」的衡量標準通常是計算奶牛適當價格的適當捷徑。

雖然泰維去的牲畜拍賣會是地區性的，但根據牛隻交易委員會（CEC）的規則，農民仍然必須揭露他們的牛在前幾年產生的現金流和收入。委員會將檢查農民聲稱的準確性，敢欺騙其他農民的人就會被公開鞭打。

CHAPTER 4
有錢人的模樣

泰維根據豐富的經驗知道,以3.8倍的現金流,一頭典型的2歲母牛(高德剛滿2歲)的價值是合理的。快速瀏覽一下歷史價格與現金流比率可以證實,平均而言,高德這樣體型的牛隻以大約4倍的現金流易手。此外,在過去的5年,類似的牛隻以最低2.7倍的現金流交易(高德的定價為4,050元),並且交易過高達8次(為牠貼上12,000元的價格標籤)。根據泰維的估計,以8倍的現金流(12,000元的價格標籤)計算,高德將以高於一生中可能為主人產生的所有現金流的總和(8,000元)的價格轉手。

賓果!泰維頓悟了。他看到了「價格對任何東西」的最大局限性之一:在當下,這些計算方式可能會失去對農民的意義,並使他們成為不理性的投機者。

☼ 泰維買下高德的那天

在牲畜拍賣會的第二天,泰維無意中聽到兩位農民有趣的對話。年輕的那位農民認為,以7倍現金流(10,500元)的價格,他想要買的牛是個不錯的選擇,因為就在昨天(第一天),那頭牛的賣價高達8倍的現金流。另一位農民比第一位年長許多,他滿是皺紋的臉上寫滿了經驗和常識(和泰維一樣),他說:

年輕人，只因為一個傻瓜找到了一個更大的傻瓜，願意以荒謬的價格買下一頭牛，並不表示這就是那頭牛的價值。知道過去發生的事情並不能告訴我們明天會發生什麼事。塵埃落定後，每個人都從興奮中清醒，價格將回落到真正的水準。這需要多久的時間？可能需要也可能不需要一段時間；只有在事後，答案對我們來說才會顯而易見。這就是為什麼我不再在陽光明媚的日子裡競標，因為每個人的臉上都帶著微笑。在這樣的日子裡，真正的價值很難看得清楚。所以我敢肯定地說：這頭牛未來將為主人帶來的現金流，不如牠目前交易價的7倍現金流。

年輕的農夫聳聳肩，還是買了一頭像高德那樣的母牛，希望隔天（第三天）能以更高的價格賣掉牠。正如老農所預測的那樣，興奮感的確消失了，而且根本沒有花很長時間。事實上，在到了隔天早上興奮感就沒了。

泰維認為，過去的價格／現金流比（price-to-cash flow）有其優勢，因為這顯示了牛隻過去的估值變化。但是，不要忘記他是一個謹慎的人。他認為了解過去是有價值的，但是他知道，農民未來將會面臨的估值，可能和之前根本完全不一樣。

結果事實證明，價格／現金流比率很快就幫助泰維在牲畜

CHAPTER 4
有錢人的模樣

拍賣會上看出價格被低估的母牛。除此之外,當農民開始恐慌,牛價開始暴跌時,他可以毫不費力地衡量整個牛市有多便宜。他客觀地確定了買下牛隻所需的安全邊際——25%——並認為他想以大約2.9倍的現金流(3.8,公平價值價格與現金流,減少了25%的安全邊際)買下牛隻。然後他只是等待價格下跌,就可以買到他要的母牛了。

泰維沒有以可能最低的價格購買黃金,但他用比內在價值低得多的價格買下高德。如果他再等一下,也許就可以用更便宜的價格買下,但泰維並不介意,因為他知道自己以優惠的價格買了一頭好牛。此外,試圖透過抄底買到好貨雖然令人感覺很好,但幾乎沒有實際的價值。這也許可以讓他向鄰居吹捧他有多聰明,但泰維並非這樣的人。吹捧自己對他來說意義並不大,因為自誇並不能讓他支付女兒的婚禮費用;畢竟,有能力支付女兒的婚禮才是這次買牛真正的意義。

CHAPTER 5
向賭徒學習

投資的成功源自於流程

幾年前出差時，我去賭場玩21點。因為我知道贏的機率不高，所以我設定了40美元的虧損上限。為了盡可能讓我的40美元在賭場裡撐久一點，我找到了賭金下限最低的賭桌。我的想法是，賭場雖然有優勢，但我的賭金愈低，賭場就要花愈多時間才能賺走我的錢。

我坐的賭桌有一個大嗓門、半醉的男人，他說了好幾次今天是他的發薪日（是真的，他手上拿了一疊100元的鈔票），而且他還一直贏錢。我按照我的計畫進行，但這似乎並不重要——我並沒有好運。那個大嗓門男做的每件事都是錯的，他手上已經有18點了，還叫荷官發牌，結果荷官拿到一張6。他抽的下一張牌是3，結果湊成了21點。然後荷官拿到一張10，接著是一張2（再加上他已經亮牌的6點），所以荷官有18點。大嗓門男根本沒在注意牌，他比較感興趣的是對荷官說「再給我一張」。

我做的所有決定都是「對的」，結果卻都會輸掉錢，而大嗓門男所有「錯的」決定，最後都會贏錢。他的籌碼愈來愈多，而我的籌碼則愈來愈少。他的大嗓門和一直贏錢吸引了不少人圍觀，有些人說「這傢伙很行」。沒有人在注意我——我沒有大聲嚷嚷，而且我一直輸。

CHAPTER 5
向賭徒學習

　　大嗓門男並沒有程序，他只是一直半醉而且做統計上來說不會贏的賭注。但他卻一直贏——至少是贏了一段時間。我有統計知識，我的賭注能讓勝率提到最高（或是讓虧損率降至最低——但我贏的機率還是很低），但我卻一直輸錢。

　　過了幾個小時，又多喝了幾杯免費的酒後，這位大嗓門的賭客每打完一局，籌碼就會多一點，然後大數法則就開始反過來對他不利了。他贏的所有籌碼和薪水支票全都賭光了；很可悲但可以預測的是，他辛苦工作兩個星期的收入全都送給賭場了。而我則是一度輸到只剩下幾塊錢而已，但後來我的運氣變了，我大部分的錢又都贏回來了。

　　我學到什麼教訓？多花點時間專注於程序，而不是結果。如果不是隨機，那麼就只會以結果來決定我們所做的每個決定是對是錯；如果是這樣，過程就只會根據結果來判斷。但是投資和賭博一樣，一直都存在隨機性。雖然我們很想根據結果來判斷自己和別人所做的決定，但這麼做其實很危險。隨機性可能會讓我們學到錯誤的教訓。

> 每當你用最好的方式下注,如果你的勝率較高,那麼不論你是贏是輸,你仍然從這筆賭注中賺到了一些東西。同理,當你用最壞的方式賭注,而你的勝率較低時,不論你是贏是輸,你還是在這筆賭注中輸掉了一些東西。
>
> ——大衛・斯科蘭斯基(David Sklansky),
> 《撲克理論》(The Theory of Poker)

每個人心中的賭徒

在人的一生中,活躍的投資人會做出好幾百甚至好幾千個投資決策。並非所有的決策結果都是好的。有些決策會賠錢,有些會賺錢。而人類傾向於把焦點集中在決策的結果,而不是過程。在行為層面上,這是很合理的。結果對我們來說是二元的——不是好就是壞,這是很容易就能觀察到的。但是決策的過程更為複雜,而且我們通常都看不出來。

程序和運氣(也就是隨機性),這兩件事的其中一件,或是有時兩件都是,能讓了不起的投資人聚在一起。可惜的是,我們能向隨機性學到的並不多,因為隨機性並沒有預測能力。

CHAPTER 5
向賭徒學習

但是程序則是我們應該研究並學習的。想要成為成功的投資人,你需要成功的程序、能力,以及堅持程序的心理素質。

我們必須了解「紀律」這個詞的定義(至少就投資來說),有兩個意義:

(1) 規則系統,或是系統化方法。
(2) 透過強迫遵守系統而得到的控制權。

第一個定義可以和程序互換──規則系統;第二個則是控制情況,並且堅持程序。若要避免和「有紀律的紀律」這類詞語混淆,紀律的第一個定義我將用「程序」這個詞,而第二個則是「紀律」。

前面提到的那位大嗓門的賭客沒有程序,除非你認為大喊「再給我一張」就是程序。他沒有程序讓他有紀律地遵循,除非你認為一個小時點兩次免費的啤酒就是紀律。就算他那天贏了錢,長期下來,除非隨機之神決定開一個殘酷的玩笑,否則在連玩了好幾個小時後,他不會有機會成功(此處「成功」的定義是「把虧損降至最低」)──因為他既沒有程序也沒有紀律。

積極型價值投資：
突破盤整市場的終極投資法

◎ 像泰維一樣面對機會

　　我的偶像泰維的故事，應該能讓你具備價值投資人的思維，希望前面這段賭場的冒險經驗強調了程序的重要性（不論是投資或賭博都一樣）。現在該是時候進入本書「怎麼做」的階段了：我們要深入我特別為「盤整市場」所開發的投資程序了──「主動式價值投資」。你的投資程序愈不明確，你就愈有可能有紀律遵循程序。第6到第8章將介紹品質、價值和成長架構，這能讓你的股票分析變得清楚，接著第9章將整合介紹這3個架構。第9到第17章將提供一個穩健的執行策略──買進和賣出程序。

CHAPTER 6

Q（品質Quality）的重要性

別虧錢

這個建議聽起來很老套，就像青少年時父母給的一大堆「要做和別做」（主要是「別做」）的建議：別超速、別太晚睡、別酒後開車，要用……我不是說這些建議沒用，我只是說很老套。所以請記住，我還是要說，在盤整的市場中「別虧錢」。我的意思當然不是說，在牛市時要盡可能想辦法虧錢；但是在上漲的市場中，想要賺回任何虧損的錢都容易得多。在牛市時的順風讓我們很容易賺回之前虧的錢，但是到了盤整的市場中就變成了逆風，想要賺回之前虧的錢就困難得多。我現在要介紹我所開發的QVG架構，將能幫助你實現這個老套但是很重要的目標。我們先從QVG的第一個字母Q開始：品質（Quality）。

> 當價格早就被遺忘時，品質仍深植人心。
> ——古馳（Gucci）家族箴言

高品質的公司能夠維持，或甚至提升長期的獲利能力，這裡指的長期是10年或20年，這樣的公司在經濟風暴過後仍像風暴之前一樣穩健（或甚至更強）。現在我們知道高品質的公司

CHAPTER 6
Q（品質Quality）的重要性

表面上是什麼樣子了，我們就來深入一探究竟。

帶刺的鐵絲網

一個能把錢拿來賺取高額報酬（高資本報酬率）的生意，就會吸引新的競爭，因為競爭者看見高報酬就像蜂鳥看見糖水一樣——他們也要分一杯羹。除非生意有可持續的競爭優勢——就像電網或是頂端帶有尖刺的鐵絲網——否則競爭者就會湧入（視公司的產品或服務而定）然後迫使價格下滑、減少產量、大舉投資於廣告或研發等行為。等一切塵埃落定後，公司的資本報酬率就會下滑，獲利也會減少。電網通過的電壓愈高，或是鐵絲網的刺愈尖銳，競爭者就愈難進入這個市場。

可持續的競爭優勢可能有不同的來源，例如強勁的品牌、高進入門檻、專利保護，或是其他因素能讓公司比競爭者的威脅更勝一籌。競爭優勢是不能妥協的條件。

過往能創造高資本報酬率的公司（在大部分的情況下）具有競爭優勢，能讓他們維持這樣的報酬率。如果競爭優勢維持不變，那麼高資本報酬率就可能持續下去。

「資本報酬率」是盈餘成長公式中的要素之一。投資的資

本報酬率愈高,公司必須發行的股份或負債成長就愈低。假設一間公司具有成長的機會——這是成長公司中的第二個要素——資本報酬率高的公司,可以根據內部產生的資金成長。這表示盈餘成長更高,而風險更低。發行新股表示相同的盈餘大餅必須切得更小(因為在外流通股數更多),這樣就會稀釋報酬,並降低每股股利。公司債發行會使損益表中的支出增加,並提高公司的風險。

品牌不平等

強勢品牌通常能提供競爭優勢,並嚇跑市場的新進入者。但是並非所有的品牌都是一樣的,而且有些品牌只有競爭優勢,卻沒有溢價的優勢。2004年時,我在分析莎莉集團(Sara Lee Corporation),當時這個集團旗下有吉米迪恩(Jimmy Dean)、希雪農場(Hillshire Farm)、球場(Ball Park)、蕾格絲(L'eggs)、漢斯(Hanes,內衣褲品牌),以及許多其他知名的品牌。看到這些你會以為這些強勢品牌可以訂更高的價格,公司就可以漲價而不會明顯影響消費者對產品需求,但事實並非如此。

每次公司想要將熱狗、臘腸或內衣褲漲價時(通常是將大宗商品漲價的成本轉嫁到消費者身上),需求就會大幅下滑。

CHAPTER 6
Q（品質Quality）的重要性

消費者並沒有不再吃熱狗或臘腸（那就太不愛國了），或是不穿內衣褲（那就太糟糕了）；消費者只是轉而購買其他品牌。

消費者被商店裡眾多的品牌搞得眼花撩亂，任何一個強勢品牌公司新發明的產品，很快就會被另一間類似的強勢品牌模仿。

強勢、眾所皆知的消費者品牌，並不能保證一定可以用更高的售價賣出，或是賺取更高的利潤，但品牌的確有助於商品的上架，以及訂價比一般自有品牌更高。以莎莉集團為例（許多其他公司也是），它的強勢品牌雖然能阻礙新進入者闖入這個產業，但是它的品牌強度並不足以保護它不被已有的「高知名度品牌」競爭者奪取其獲利。

我不是說品牌不重要，而是提出一個警告：就算公司知名度很高、是備受尊重的品牌，你也不能假設這個品牌會帶來可持續的競爭優勢。

☀ 自由現金流的力量

當泰維在為高德估價時，他並沒有注意「盈餘」這件事；他專注的是「現金流」。他的想法是，盈餘是不能花掉的；一

般雜貨店不會接受用盈餘來支付麵包,但他們非常樂意接受現金。股利和實施庫藏股都是用現金支付的,不是用盈餘。盈餘是會計中的假設,而且被野心很大的管理團隊用來滿足華爾街的一致預估。雖然短期來說現金流的變動比盈餘還要大,但現金流才能比較真實地反映公司的獲利能力。

當我說現金流時,我真正的意思是「自由現金流」──公司支付了開銷,例如薪水、稅、庫存、利息、高階經理人的鄉村俱樂部會費、各種其他年度支出,以及未來成長所需的其他支出,例如固定資產投資(建造新的工廠等),最後剩下的現金。

自由現金流高、管理團隊聰明而且以股東利益為導向的公司,就能善用盤整市場的波動性,並透過適當地實施庫藏股(在公司股票便宜的時候)來為股東創造額外的價值。在外流通股數大幅減少可提高盈餘,並推升每股的股利,因此推升股價。

但是自由現金流不是就這樣而已。創造大量自由現金流的公司通常不會需要很多資金(也就是說,大量投資於資產、廠房和設備等),這通常會有更高的資本報酬率、更高的盈餘成長,也能讓公司的財務獨立,不受外面金融界的影響,因為自

CHAPTER 6
Q（品質Quality）的重要性

由現金流讓公司能內部出資自己的事業。當經濟不好，公司可以輕易發行新股或發行公司債借錢，或是向銀行貸款，這種時候，靠自己的內部融資可能不會被發現（而且也不會反映在股價上）。但是因為經濟不好，高自由現金流和自行內部融資能讓公司存活下來，而不是使公司成為明日黃花。

在發生經濟困難或是危機時，現金的購買力會呈指數性的爆增。舉例來說，全球最大的製藥公司輝瑞藥廠（Pfizer），在金融危機期間就能以盈餘13倍的價格，買下也是很大的藥廠惠氏（Wyeth，太便宜了，根本就像偷來的）。在考量重複業務的成本節約後，輝瑞支付的價格是盈餘的10倍——實在是太低了，因為過往這種交易是以將近20倍以上來進行的。

資本支出並非都相同

在自由現金流的定義中，對於營運現金流的組成幾乎完全沒有爭議：是經過所有非現金（主要是折舊和攤銷）和營運相關餘額項目（主要是庫存、應收帳款和應付帳款）調整後的淨收入。但是資本支出可能高估或低估公司的自由現金流，因為並非所有的資本支出都是一樣的。對未來成長的投資以及維護性資本支出，兩者之間有一個重要的差異並沒有受到注意。

維護性資本支出是公司維持目前營收水準所需的投資。舉例來說，一間半導體公司必須一直將廠房升級，以及維持目前的營收，因為技術和製造流程一直在演進。石油公司每年也要支出數十億美元，以補充耗盡的油井（儲備）。如果這些公司不再尋找新的油井，長期下來他們會耗盡儲備然後倒閉。若要找出維護性資本支出，你要問自己一個問題：如果公司不再投資於固定資產，公司的營收會發生什麼事？如果長期下來營收會下滑，就像半導體或是石油公司一樣，那麼你就必須找出維護性資本支出，這是假設所有其他條件相同的情況下。

　　未來成長資本支出（Future-growth capital expenditure）是公司營收成長的必須投資，例如零售業者開設新店面，或是造船廠擴廠。如果一間公司不再支出成長資本，在其他條件相同的情況下，營收就不會再成長，而是會下滑。

　　為什麼區分不同的資本支出很重要？我們生活在一個有限的世界裡，盈餘成長（以及現金流）不可能無止盡地高於平均──公司成長速率遠高於業界的成長，到了某個時候就會變成整個產業，甚至是整個經濟體！

　　當公司變得愈大，就愈難以相同的速度成長。這個結果和地心引力一樣是必然的。維護性資本支出高的公司，不太可能

CHAPTER 6

Q（品質Quality）的重要性

產生更高的自由現金流——就算營收不再成長——因為公司要把錢（雖然金額不高）投入在固定資產，以避免現有的營收下滑。

維護性資本支出低的公司，當營收開始停止成長（為成長進行投資），自由現金流就會顯著增加，因為資本支出會下滑，而自由現金流和所得會增加。這間公司的股價跌勢可能會小於維護性資本支出高的公司，因為本益比下滑比較少（無可避免地成長變慢），而且可以提高股利和實施庫藏股。

沃爾瑪就是這樣，公司從2007年就開始減少在美國展店的速度。後來，雖然營業現金流從200億美元增至230億美元，主要是因為營運資本管理更有效率以及同店銷售增加所致，但其自由現金流卻從50億暴增至120億美元。增加的部分很大比例是因為資本支出從150億降至110億美元。沃爾瑪的成長持續減緩，但自由現金流卻會增加。

另一個重要的點是，有一個辦法可以利用高維護性資本支出的公司：買進出售資本設備給高維護性資本支出公司的企業。舉例來說，半導體公司的維護性資本支出很高。正如我們先前討論過的，這些公司需要持續升級其廠房，因為微處理器不斷變得愈來愈快、愈來愈小——大致上來說，這並不是一門

很好的生意。但是賣設備給半導體業的公司則是更有吸引力的生意，半導體公司的高維護性資本支出就會變成設備公司的經常性收入。

自由現金流波動性通常高於淨所得波動性。自由現金流的年度波動性，可能會讓你走錯路，某一年的自由現金流雖然是正的，但隔年卻變成負的。處理自由現金流波動性最好的方式，就是計算幾年內的平均，或是計算幾年內的累積營運現金流，然後減掉這段期間的平均，或是減掉這段期間的累積資本支出。

如何分析公司？

> 絕對不要聽信一間公司的總裁說他如何處理他的持股。
> ——伯納德・巴魯克（Bernard Baruch）

分析和評估公司的高階管理團隊時，應該要像分析公司的資產負債表一樣謹慎小心。應該要用你的常識分析公司的評論，不論經營團隊過往的紀錄有多好。他們的所得和獎金和公

CHAPTER 6
Q（品質Quality）的重要性

司股價表現有關，所以讓他們有很大的壓力要一直推升股價。事實上，只要股價一直漲，管理和營運的缺失通常就會被董事會和股東忽略，而股價下跌則會使缺失放大、成功被忽視。

經營團隊負責創造和執行公司的策略，但是公司的主要目標應該是提升長期的永續競爭優勢。如果他們能做得到，股東價值就會跟著提升。

汽車業務員可能會告訴你有關一輛車的真相，但是因為他的工作就是要賣車給你，所以你還是不會完全相信他的話，你會自己做研究（或至少你應該這麼做）。汽車業務員不是壞人，但他可能要養家糊口，他的工作是賣車給你，不是以最好的價格把最棒的車賣給你。不然你以為是怎樣？理論上，公司的經營團隊會被人以更高的標準來看待，所以我們傾向相信他們更甚於汽車業務員，但是他們的工作和獎勵其實和汽車業務員是差不多的；他們的工作是要以目前的市價賣股票給你。

我們要稍微重新衡量自己的常識篩選標準，這樣才不會被說話的人騙。經營團隊通常都是很會說話、充信自信心的人──這些都是經營一間公司所需的特質。但是這些特質會令我們眼花撩亂，我們需要把對方當成人看，剝去他們成功的外衣、光鮮亮麗的頭銜與自信，以及不要相信他們不會犯錯。試

著想像公司的經營者穿著小丑服,或是任何可以消除他們超人光環的事。一旦我們把這些高階經理人當成一般人看待,我們的常識篩選標準就比較可能看出偏誤並據以調整。

雖然有智慧的短期與長期決策通常不是互相衝突的,但是種一棵樹(長期投資)就必須撒下種子(立即的支出)。經營團隊每天都要做這些決策,而且很不幸地,通常會為了滿足華爾街那些對短期成果上癮的人,而犧牲了長期的價值。

長期下來,華爾街對短期目標的執著,讓經營團隊把焦點從為股東創造長期價值轉移,而變成了華爾街的走狗,每一季都想要跳到下一級,因為他們的主人不斷在調高目標。

強・費爾瑟默(Jon Feltheimer,獨立電影公司獅門影業〔Lionsgate Entertainment〕的執行長)在公司法說會時,對分析師提問的回答令我非常意外。分析師問:「(從電影上映到出DVD光碟的)時間間隔看來的確在縮短。請問這麼做的優缺點為何?」費爾瑟默回答:「我們認為相隔16周仍是很好的間隔時間,我不覺得我們會把時間壓縮得更短。我認為有時候,尤其是身為上市公司,我們會想要看到會計年度內達到某個特定的營收,所以我們會把電影的時間稍微調整個幾周,所以間隔時間會稍微改變一下。」(CallStreet.com,獅門影業2007

CHAPTER 6 | Q（品質Quality）的重要性

年第1季法說會的錄音文稿。）

在理性、創造長期價值的世界中，電影或光碟上市的時間並不是在一季之內；而是要根據觀眾想要看、公司能賺最多錢來決定。

身為上市公司的一大缺點是，你選擇的主人——也就是你的股東。華爾街是以短期為導向的，而且總是需要不斷地使短期報酬成長。

你該怎麼辦？尋找有膽識的經營團隊，而且有信心維持長期專注，不會做膽小、妥協的決定而阻礙公司長期持續性的競爭優勢，就只為了滿足饑餓的主人。

你的錢是否被花在對的地方？

絕對不要低估經營團隊打造更大但未必更好帝國，而花用你的錢（更適當的說法是——浪費你的錢）的能力。他們經營的公司愈大，就會覺得自己愈重要，向董事會要求的薪酬就會愈高。

我們來看看雷吉斯公司，旗下擁有全球13,000間髮廊——

是世界上最大的髮廊公司。我想不出比髮廊更簡單、更有可預測性的生意了，不論你想不想要，頭髮就是會不斷生長。就算隨著我們的年紀增加，每個月要剪的頭髮變少了，還是會有年輕人長出頭髮，而且都需要定期修剪。

開髮廊所需的成本非常低（頂多2年的時間就能回本）、庫存非常少、頂多100年才會改變技術，而且顧客知道每年都會漲價（我很肯定幾十年前，男士理個頭髮只要兩毛五）。雖然核心業務相對來說很簡單，但是多年來，雷吉斯卻因為經營團隊不佳的資本配置決策而倒閉。

雷吉斯的問題在於，它太成功了，創造了太多現金流（對，你沒看錯）。太多現金和無能的管理團隊，套句美國政治諷刺家和記者歐魯克（P.J. O'Rourke）的話，就像是把威士忌和汽車鑰匙交給青少年一樣。

過去10年來雖然業績成長一倍，但每股盈餘只微幅上升（幾個百分點），資本報酬率下滑將近一半、負債上升、股數增加38%。而且更糟的是，過去10年來，雷吉斯18.52億美元的累積營運現金流中，有9.61億用於資本支出。換句話說，雷吉斯的自由現金流是8.91億美元，雷吉斯很慷慨地把6,200萬美元當成股利發放給股東，因此在支付股利後的完全自由支配自由

CHAPTER 6

Q（品質Quality）的重要性

現金流是8.29億美元。雷吉斯把這筆錢拿來做什麼？他們花了將近10億美元收購，用來打造雷吉斯帝國——美容學校、男士（和女士）髮型俱樂部，還有高階沙龍和產品公司「業務機密」（Trade Secret）。我很意外他們竟然沒買下音樂劇《頭髮》的所有權。

我知道，在國家花數兆美元紓困企業的大環境下，10億美元聽起來不算多，但是對一間市值10億美元的公司來說卻是很多錢。想一想這個價值損失有多大。如果經營團隊只能經營核心業務，而所有的自由現金流只存在銀行裡累積起來，公司沒有收購任何東西，那麼公司現在就會坐擁10億美元額外的現金了，雷吉斯就不會在危機發生時，因為債務無法展期而發行股份。銀行裡有10億美元，市值就會比現在的10億高出1倍。想一想，如果經營這間公司的是不同的團隊，現在公司的情況會如何。

我要一再重複這句話：任何資產的價值，是其現金流的現值，但是有一個隱含的假設，那就是這些現金流不是以股利的方式就是以實施庫藏股的方式發放還給股東，或是當資本報酬率超過成本時進行再投資。雷吉斯的經營團隊沒有做到任何一個。

當我在看股票時總是會問自己一個問題：經營團隊會把這筆現金流拿來做什麼？我們看著雷吉斯就知道，這個問題的答案非常重要。

經常性營收比盈餘一致性更重要

柏納·馬多夫（Bernie Madoff）的避險基金報酬率從來沒有波動；將近20年來，每個月都增加1%。當然，正如馬多夫的投資人發現的，在紙上畫一條直線，要比在現實生活中創造這樣的報酬來得容易許多。正如我們每10年左右就會發現幾次，像拿尺畫出來的企業盈餘成長，通常都是會計做假帳的結果，而不是企業的專業能力好。

若要找到真正可預測的盈餘，你就需要深入挖掘公布的數字底下的資訊，並尋找真正的業務，以找出真正能預測公司盈餘的特質。

經常性收入高的企業，通常會出現營收波動低、盈餘與現金流可預測性高，因此營運風險較低。

高度經常性收入創造較高的可預測性和可持續性，這會降低投資人的風險。這也能減少很多成長的限制，因為有高度經

CHAPTER 6
Q（品質Quality）的重要性

常性收入的公司，對營收成長所付出的努力較少。有客戶需要持續定期買進產品的公司，通常盈餘波動性較低，因此比沒有客戶定期買進產品的公司風險要來得小。

拋棄式產品能帶來營收可預測性。我們拿兩間非常不同的公司來比較：一間是住宅建設公司（MDC控股），一間是醫療設備公司（製造拋棄式針頭與針筒的必帝，Becton Dickinson）。住宅建設公司的生意完全沒有經常性收入！他們買進土地、蓋房子、賣房子，然後再去蓋新的房子。相較之下，必帝的經常性收入就非常好——針頭和針筒都是一次性使用的產品，然後就要丟棄，不知不覺又要買新的。

針頭和針筒持續的需求會使市場上的供給耗盡，但住宅建築則是完全相反。房子一旦蓋好並且被買走，就會使市場上的供給增加——新屋與現有房屋的競爭。換句話說，住宅建商過去的成長，會與未來的業務競爭，為了增加營收，住宅建商必須賣出比前一年還要多房子。必帝不需要與過去的自己競爭，因為去年賣出的針頭和針筒已經被丟棄了。住宅建商的過去會影響很長一段時間，因為住宅是長期資產。想要買房子的人可以從過去蓋好的很多房子中選擇，而且因為營建業過去10年的興起，可以選擇的房子有很多。

這一切代表什麼？你應該永遠避免投資住宅建設公司嗎？不，住宅建設類股有很多賺錢的機會，也有對的時機可以持有這類股票，但通常不是在市場被供給淹沒的時候。在買進產品非常耐久的公司股票時，時機極為重要，這種產品例如房屋、資本設備等使用壽命很長的東西。這些公司的競爭對象包括外部競爭的威脅，以及自己過去賣出的產品。你也要注意公司的收入，以及任何沒有高經常性收入公司的收入所帶來的風險增加。強勁的公司資產負債表（這一點將在接下來討論）以及／或是安全邊際的增加（我將在第8章中討論這一點），應該要能彌補收入波動性的風險。

負債是好事，除非有問題

能負擔得起負債的公司，通常就不會有負債，而不該負債的公司反而會有負債。資本報酬率高而且有龐大自由現金流的公司，通常會讓投資人選擇沒有太多負債的公司。

不該負債但卻有龐大負債的兩個產業——美國的汽車製造製造業和航空業（大部分美國航空公司都是，除了西南航空等少數之外）。他們的固定成本很高——飛機和工廠很貴，而且很大的程度上，他們的支出和創造的營收無關，這就是營運槓桿標準的定義。他們的工會組織非常好，因此很難裁員——他

CHAPTER 6
Q（品質Quality）的重要性

們的員工也是一筆固定成本。他們的業務對周期性的經濟成長極為敏感，因為汽車和航空業都是重大的消費性項目，當經濟成長減緩時，消費者和企業最先刪減的就是這兩項。

高營收和高財務槓桿的組合，再加上營收波動性大，就會造成災難。成本不會和營收一起下降，就會造成重大的虧損。

更嚴重的是，成本有一大部分是不可預測的大宗商品價格——航空業的燃料成本，以及汽車業的原物料成本——使得他們的現金流風險更大。

負債低的公司，犯錯的空間就會比較大。當公司能謹慎地運用負債，而且有可預測的現金流時，負債就是好事。但是當一間公司的現金流波動大，而且營運槓桿很高時，就應該小心運用負債。

我很想說，只要看負債比率就可以完成債務分析，但其實並非如此。這是個開始，但絕對不是這樣就完成債務分析。

資金不足的固定福利方案以及營運租賃項目，會被巧妙地隱藏在資產負債表之外，但是這些應該加以仔細分析，並且放回資產負債表裡。

☀ 不可妥協

可持續的競爭優勢、高品質的經營團隊、可預測的盈餘、龐大的自由現金流、強勁的資產負債表，還有高資本報酬率，是高品質企業的理想清單。其中幾項，例如可持續的競爭優勢、高品質的經營團隊，都是不能妥協的項目，絕對不行。但是有些則是可以互換的，而且如果夠強就可以彌補一些較弱的項目。

舉例來說，如果一間公司的盈餘和現金流是可預測的，那麼資產負債表就不需要很好。或者，如果一個非常大的資本支出能帶來成長，就可以忽略缺乏龐大的自由現金流。但是我建議犧牲的品質愈少愈好。要記住，在盤整的市場中，**彌補虧損是很困難的事**。

CHAPTER 7

G（成長Growth）的重要性

積極型價值投資：
突破盤整市場的終極投資法

> 成長與價值投資是相連的。
>
> ——華倫·巴菲特

股市不是你會想要帶回家見父母的對象。雖然股市充滿熱情，可能還會保證永遠愛你，但他的愛可能很快就會變成恨。

身為投資人，我們想要利用股市不穩定的性情來獲利，所以買進不受青睞的高品質、其他人都在拋售使得估值很吸引人的股票。雖然後來股市還是會回過頭來愛上這種股票，但是很難知道股市何時會回心轉意；這可能會花上一點時間。

買進不受青睞的股票這個策略會有個風險，那就是本來應該只是暫時分手，卻變成更長期的分居，然後就變成一筆死錢——股價一直被低估，而且很長一段時間沒有發展。這時候，成長就很有用了。如果一間公司有盈餘成長而且會支付股利，那就很值得等待，因為這能大幅降低投資變成一筆死錢的風險。

通常當投資人談論成長時，他們指的是盈餘成長。他們很短視地忽略股利——我們不會犯這個錯。成長包括了獲利成長

CHAPTER 7
G（成長Growth）的重要性

（表示為盈餘或現金流成長）以及股利成長（表示為股利殖利率）。當一間公司支付高股利，你就會獲得報酬以等待股價回到適當的估值。成長的盈餘會壓縮股票的估值彈升（本益比）。

我們來看看要怎麼計算。假設你買了一支15元的股票，今天的每股盈餘（EPS）是1元，那股價就是盈餘的15倍。如果公司的盈餘1年成長15%，5年後盈餘就會成長至每股2美元。如果到了那時股價偏低，是盈餘的12倍，那就是每股24元（12×$2），你1年的獲利還是有10%，可說是相當不錯。如果同時支付5%的股利，那麼你的總年度報酬率就會更好，是15%。當股市又回過頭來愛上這支股票時，本益比就會再因為盈餘升高而擴大，你的耐心等待就會有更高的報酬。

就算你本來買進時付的錢略高一點，成長還是會在未來彌補你。當公司的盈餘成長而且股利一直存在券商的帳戶裡時，時間是你最好的朋友，但如果不是這樣，那麼時間就會變成你的敵人。你必須知道一間公司的獲利成長來源為何。每股獲利能力成長可以用倒三角來顯示（請參閱圖7.1），營收成長位於三角形較寬的頂端，而淨利、自由現金流、每股盈餘和每股自由現金流則是在較窄的底部。

如果成本增加的速度比營收來得慢，淨利潤就會擴大，淨利成長就會超越營收成長。如果公司又實施庫藏股，那麼股數就會減少（淨利除以更少股數）——每股盈餘成長會超過淨利成長。最後，如果公司能有效管理固定和營運資產（不建造新的工廠以及／或是持有相同的庫存而達到更高的營收），每股自由現金流成長就會超越每股盈餘成長。企業的營運金字塔的許多層都可以創造股東價值，因此，每一層的成長金字塔都需要檢視，以查看是否能創造價值或破壞價值。

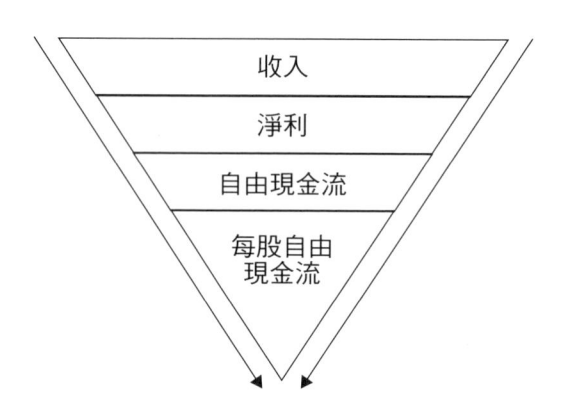

圖7.1　成長金字塔的獲利能力來源

收入
淨利
自由現金流
每股自由現金流

資料來源：本書作者著作《積極型價值投資法：超越市場漲跌的贏家法則》(John Wiley & Sons, 2007, page 104).Reprinted with permission of John Wiley & Sons, Inc.

CHAPTER 7
G（成長Growth）的重要性

生命中大部分的東西都是有限的，但是有限的程度則是各自不同。成長來源都是一樣的，雖然所有的東西都會結束，但是影響各有不同。金字塔的某些部分可能帶動過去公司的成長，但這些成長驅動因素可能已經是最後階段了。你應該定期重新審視每一個成長因素，預期每一個驅動因子對公司未來的成長有多大的貢獻。

營收成長

營收成長是公司成長最自然的方式，有好幾個根本的方式可以帶動公司的營收成長。

出售更多產品和服務給現有以及／或是新的客戶，這是美國和世界各地企業最常見的策略之一。

擴展至新的市場，不論國內外皆可。蘋果從原本的電腦公司——主要銷售桌上型和筆記型電腦——拓展至電子產品公司。事實上，2007年時「蘋果」的名稱就不再有「電腦」了，代表著公司進入個人電腦以外的產業。現在蘋果稱霸數位音樂播放器產業，成為**數位音樂最大的銷售業者**，而且蘋果的iPhone很迅速就成為智慧型手機的黃金標準。許多其他公司也都因為進入國際市場而得以延續第二生命。

121

漲價。這是一個冒險的策略，而且它的成長要視需求的彈性而定（漲價對消費者購買產品意願的影響）。漲價是一個有限的策略，因為更高的價格會提高產業對新進入者的吸引力。視進入障礙而定，這些新的競爭者可能會透過降價來試著奪取市占率；或更糟的是，顧客可能對較高的價格感到不滿，轉而以競爭對手的產品取代。

降價。這不是通常會想到的策略，但是如果需求提高能抵銷降價的影響，這就是個有用的策略。低價格對無線產業來說是很棒的策略，因為這刺激了手機的使用，並允許無線公司將固定成本（網路與顧客服務）分散給更大的訂戶群。

當然也有收購成長的策略，這通常比較昂貴，但是這麼做也是在使業務成長。有些公司透過收購使得業務成長得很好——例如藥局CVS/Caremark、L-3 Communications、百事可樂等。但正如我們在雷吉斯的案例中看到的，這個策略有其風險。

成長來自利潤改善

利潤改善可能有不同的來源，例如營運效率以及經濟規模。

CHAPTER 7
G（成長Growth）的重要性

高於平均的（高）利潤率，一般而言不是長期的——自由市場通常會使利潤率無法高於平均。

我經常聽到這樣的論點：過去幾十年來，企業受惠於科技。科技使企業更有效率，因此創造更高、高於平均的利潤率。但是隨著時間過去，業界其他公司也能取得使某間公司更有效率的科技。採用這種科技的公司具備類似早期採用者的結構，而沒有採用者則會被邊緣化。

隨著降低成本在市場參與者之間變得普遍，競爭者的成本結構變得類似。競爭可能會使價格和公司的利潤變低，而顧客將是低營運成本的受惠者，因為顧客獲得更低的價格、改善的效率。

利潤率可能是金融中最均值回歸的項目，如果利潤率沒有造成均值回歸，那麼就表示資本主義出了嚴重的差錯。如果高利潤沒有吸引競爭者，那麼制度就出錯了，運作並不正常。

——傑洛米‧葛拉漢（Jeremy Grantham），
GMO投資管理公司

因此,一間公司很難長期維持卓越營運效率的競爭優勢。

舉例來說,沃爾瑪在零售產業的興起是透過一個非常有效率的庫存管理和配送系統,讓消費者節省成本、使較沒效率的競爭者倒閉。

但是,現在也有一樣好或甚至更好的現成技術,提供給像是Dollar Tree或Family Dollar的零售業者,這兩間店的暢貨中心只有兩間沃爾瑪的廁所那麼大。甲骨文(Oracle)或SAP很樂於銷售頂尖的配送/庫存軟體系統給任何有錢買軟體的暢貨中心。關於「生產力增加」過去並沒有,未來也不會讓美國企業永遠獲得高利潤率。如果利潤率不變,沃爾瑪的淨利就會是25%,而不會是現在的3.5%。

降低成本有一個明確的上限,因為不可能完全沒有成本。一間公司也許可以成功降低成本一段時間,但很快就會達到極限。

你要確定降低成本不會犧牲掉未來的成長。在1990年代末期時,必帝(針頭和針筒製造商)為市場帶來安全的針頭針筒系統,公司投資了數千萬甚至是上億美元,開發這種針頭的技術。舉例來說,使用這種新的安全針頭系統為愛滋病患抽血

CHAPTER 7
G（成長Growth）的重要性

時，護理師不會因抽血而被傳染，食品與藥物管理局即將要求醫院使用這種新的安全針頭針筒系統。在分析了公司當時的情況後，我問經營團隊有關競爭的問題，而他們說沒有競爭對手。

唯一潛在的重大競爭者是美國手術公司（U.S. Surgical），這間公司後來被連續收購了很多間公司的泰科（Tyco）收購，然後泰科就刪掉美國手術公司的研發部門，便立即提升現金流，令渴望成果的華爾街分析師很滿意。所以當必帝推出這種革命性的針筒時，美國手術公司⋯⋯什麼也沒有。

「規模經濟」是比較持續性的利潤成長來源，但是必須有兩件事才能達到：營收成長；高比例的固定與變動成本。以這個例子來說，當營收成長，成本增加的速度並不快，因而使利潤率成長。類似於營運效率的改善，視產業結構而定，至少有些利潤擴張會外溢，以低價的方式使消費者受惠（例如沃爾瑪）。

實施庫藏股

在估值很有吸引力，而且股利豐厚的時候實施庫藏股，可以創造股東價值。如果沒有股利或是實施庫藏股，而且假設本

益比不變的情況下，若要達到總報酬率12%，每股盈餘必須增加12%才行。但是如果公司支付3%的股利，並買回2%的股份，那麼盈餘只需要增加7%就能達到總報酬率12%。通常公司使股利成長7%所冒的風險不如成長12%來得大。實施庫藏股並不能取代機能性成長，但經常是不被重視的優點。

如果在股價便宜時實施庫藏股，可以創造股東價值，但是如果經營團隊以過高的價格實施庫藏股，就會破壞價值。實施庫藏股會令人提出兩個問題：

(1) 經營團隊是好的投資人嗎？
(2) 公司實施庫藏股是為了達到特定數字（以符合或超越華爾街的每股盈餘預期）嗎？

通常公司經營團隊不是好的投資人；對公司的熱愛會使他們遭遇出其不意的打擊。經營團隊會花非常大量的時間提升公司的獲利能力，並打造一個更強勁的連鎖品牌。投資時間會創造對公司的依附感，導致喪失客觀性。正如父母對孩子的能力無法持客觀態度一樣（舉例來說，我真的認為我4歲大的女兒漢娜畫的每張圖都是傑作），經營團隊通常會高估公司的價值，並且以過高的價格實施庫藏股。

CHAPTER 7
G（成長Growth）的重要性

經營團隊傾向以過高的價格實施庫藏股，其更糟的原因，則是因為他們的薪酬通常連結至每股盈餘成長。為了讓每股盈餘成長，他們通常什麼都願意做，就算實施庫藏股會破壞股東財富也沒關係。1990年代末期時，許多美國績優股（高露潔、沃爾瑪、思科……還有非常多）在公司估值非常離譜的情況下實施庫藏股，因為當時很流行這麼做，而且因為他們需要向市場展示他們的盈餘成長。

如果你分析自己投資組合中的公司，發現有間公司不該以現在的估值實施庫藏股，那麼你應該問自己一個問題：「如果我不想要公司在這個價位實施庫藏股，那麼我還有理由繼續持有這支股票嗎？」

當公司股票被低估時，實施庫藏股就很合理。這正是價值投資人會做的事——買進價值被低估的資產。負債以實施庫藏股的吸引力，不如以自由（可自由支配）現金流實施庫藏股的吸引力，原因有兩個：

(1) 更高的報酬就會有更高的風險。可能會使公司的本益比承受下滑的壓力，因此抵銷了庫藏股的好處。
(2) 公司資產負債表槓桿有其限制（公司只能承受一定的負債），而以自由現金流實施庫藏股，長期下來只有在

外流通股數的限制。

你應該研究個別實施庫藏股的案例,然後問以下4個問題:

(1) 公司是否以低估的價格實施庫藏股?
(2) 經營團隊實施庫藏股的動機為何?
(3) 公司是否用資產負債表槓桿實施庫藏股?
(4) 這筆現金有沒有更好的用途?

提升效率

營運資本效率改善,會帶來更高的自由現金流,因此公司會更有價值。

戴爾電腦(Dell)多年來一直將庫存的負擔轉移給供應商。如果供應商想要和戴爾做生意,他們就必須在幾天內出貨給戴爾,甚至是幾個小時內。結果,戴爾就只有幾天的庫存——這是業界面臨價格持續降低的重要因素。

一間公司過去雖然可以依賴某一個成長來源,不表示未來仍能這麼做。我強烈建議你不要把過去的成長盲目而直線地投

CHAPTER 7
G（成長Growth）的重要性

射到未來。

　　找出未來盈餘成長的來源，然後個別檢視每一個來源，應該能讓你更深入了解是什麼令一間公司成功，並且能讓你的分析更客觀、更前瞻。你一開始應該分別預測每一個盈餘成長引擎的成長率，之後才放在一起預測。將公司估值的每一個成長引擎量化，當情況不如你的預期時，有助於你維持理性的頭腦。

　　尋找成長核心有多個成長引擎的公司能降低你的投資風險；如果一個成長引擎壞了或是暫時停擺，其他的成長引擎可能還是可以帶動公司的成長。

　　如果你知道可能的成長情境，你就能利用折算的現金流模型來判斷股票的價值範圍，我們將在下一章中深入探討這一點。

☼ 股利真正告訴你的事

　　「理論上，理論和實務之間不應該有差異，但實際上卻是不同的。」當電腦科學家揚恩・汎德斯奈普許特（Jan L. A. van de Snepscheut）說這句話時，他一定是在談股利和實施庫藏股

這件事。雖然理論上,股利和庫藏股並沒有不同,但實際上卻是不同的。刪減股利會給投資人負面訊號,在極端的情況下還會令股價下跌、讓經營團隊失業,所以經營團隊寧可賣掉公司噴射機、取消鄉村俱樂部的會員資格,也不敢亂砍股利。即使盈餘持續惡化,公司通常會犧牲股利支付率以維持股利的金額。

但是實施庫藏股則是選擇性的。雖然公司可能授權買回一定量的股票,實際買回卻是在經營團隊的控制下執行的。理論上,實施庫藏股雖然和股利一樣能創造價值,但是沒有嚴格的經營團隊責任卻會使庫藏股難以預測,因此不如股利那麼能創造價值。

通常公司的經營團隊會收到股票選擇權,會隨著股價上漲而變得更有價值。這種經營團隊獎勵與股東總報酬非常不一致,難怪經營團隊寧可過度實施庫藏股,也不願意配發股利給股東。

通常高額股利會創造股價的地板。當股價下跌,股利殖利率就會上升,吸引更多追求收益的投資人,因此減輕股價下跌的壓力。

CHAPTER 7
G（成長 Growth）的重要性

☀ 股利愈高，成長愈慢？

理論上，相對高股利支付的公司，盈餘成長會比不支付股利的公司來得慢。這在理論上來說是合理的：支付更多盈餘，能投入公司業務成長的盈餘就會更少。實際上，只有在一個極端情況下這麼做才合理。很多上市公司已經到了某個階段，他們可以把所有自由現金流用來帶動進一步成長。公司有額外的現金流可以支付更高的股利。

克里夫・艾斯納斯（Cliff Asness）和羅柏・阿爾納特（Robert Arnott）所做的一項研究名稱是〈驚喜！更高的股利等於更高的盈餘成長〉（Surprise! Higher Dividends = Higher Earnings Growth），發表於《金融分析師期刊》（*Financial Analysts Journal*，2023年1/2月號），顯示股利支付更高的公司，其實盈餘成長會愈快。作者在發現的摘要中寫道：「歷史證據強烈顯示，當目前股利支付率偏高時，預期未來盈餘成長是最快的；而當股利支付率偏低，則成長是最慢的。」

這個研究和理論相反，因為理論並沒有計算公司經營團隊對資本造成的破壞（我們在前一章討論過的髮廊公司雷吉斯，就是因為低股利支付而缺乏盈餘成長最好的例子。雷吉斯浪費了它沒有支付出去的現金）。一間支付高額股利的公司，營運

的環境不同於手上抱著大筆股東現金的公司，因為僵硬的股利支付迫使經營團隊將保留的每一元的價值最大化。較高的股利支付可以提升紀律，而不會傷害成長展望。

股利與盤整市場

《投資人的未來》（The Future for Investors）一書中，傑洛米‧席格（Jeremy Siegel）說，股利能保護投資人度過熊市，他寫道：「用股利再投資所累積的更多股數，能緩衝投資組合價值下跌的情況。」他進一步指出：「但是額外的股數不只能在市場復甦時緩衝跌勢。額外的股數還可以大幅提升未來的報酬。所以除了能保護股東不受市場影響外，當股價回升時，股利會變成『報酬加速器』。這就是為什麼股利支付股能提供比股市周期更高的報酬。」（Crown Business, 2005, page 318）

除了可量化的財務優勢外，好的股利能讓投資人對公司業務有信心。盈餘代表著許多會計假設，股利支票會減少現金流，而不是減少盈餘，所以支付高額股利的公司比較不會做會計假帳。

20世紀時，平均股利殖利率是4.3%，目前的殖利率連一半都不到，大約是100年來最低水準。一般股票，或是說大盤

CHAPTER 7

G（成長Growth）的重要性

（例如標普500指數）的股利支付不太可能保護投資人，或是在盤整市場中使報酬率增加。另一方面，一個高於平均殖利率的股票投資組合應該達到這個目標。

如第2章中的討論，在盤整市場中，股利的重要性會增加4倍，而他們占歷史上所有報酬超過90%，相較之下只占牛市總報酬的19%。

股利非常重要，但是……

股利是分析公式中的一部分，但是絕對不要把這個當成公式的全部。雖然股利是盤整市場中投資組合報酬極為重要的因素，但重要性卻應該是次於其他因素。過去的股利支付不能保證未來的股利支付，因為銀行股的殖利率很高，持有銀行股的投資人在大衰退（the Great Recession）期間學到了教訓。

換句話說，別自動買進一支股票只因為它支付的股利很高。這也適用於盈餘成長；兩者都是在盤整市場中很重要的價值創造因素。兩者都不應該獨立來看待（而不考慮品質和價值方面），但是兩者都是你的整體股票分析中重要的組成。

CHAPTER 8

V（股票評價 Valuation）的重要性

積極型價值投資：
突破盤整市場的終極投資法

就算一位木匠最喜歡的工具是鐵槌，也絕對不會只帶一把鐵槌就去工作（至少在沒喝醉的情況下不會刻意這麼做）。他會帶著整個工具箱去。

投資也是這樣：你可以用的股票評價工具有很多，每一個工具都有優點和缺點。但是配合使用這些工具，而且知道每個工具的優缺點，你就可以對公司的價值做更多精確的評價計算。

☼ 除了鐵槌以外

相對估值工具，例如股價現金流比、本益比（P/E）、股價營收比、股價帳面價值比，都是很好、快速又容易的分析與篩選股票的捷徑。這些工具容易使用，所以在投資人之間非常受到歡迎。為了便於討論，我將使用本益比（最受歡迎的一種）來示範套用相對價值工具，以及他們在盤整市場中的運用。

相對估值分析能讓投資人看到，公司目前的本益比和競爭者、業界平均以及大盤相比的情況如何，這也能和過去比較。本益比是一個重要的工具，如果只為了一個原因使用本益比，那就是所有人都會用這個工具。市場對個股有一個觀點，本益比可以表達出市場對一盈餘單位所付出的價格。

CHAPTER 8
V（股票評價Valuation）的重要性

買股票的價值投資人想要知道這支股票是便宜還是貴，其中一個辦法就是看公司過去交易的本益比。如果公司目前本益比是15倍，但是過去從沒有超過12倍，那麼表面上看來雖然可能顯得不貴，但是相對於過去來說卻算是貴的。市場參與者會用行動投票（也就是買賣），以及他們願意為公司的盈餘支付相對於競爭者的價格。相對估值分析能提供投資人洞見，深入了解市場對公司過去估值的投票結果。

有許多因素可能影響過去的估值，未來任何一個都可能會或可能不會再發生。其中幾個例如：

・歷史本益比可能反映一段時期估值的高低，可能在可預見的未來不會再次發生。
・過去的營收和盈餘成長率可能與未來不同。
・業界可能發生重大的改變，可能改變了投資人看公司的方式。

過去的股票評價不能保證未來的股價；這只是顯示未來可能的估值。接著我們來看看折現現金流（discounted cash-flow，DCF）分析——泰維用來計算高德價值的常識模型，這個工具使用許多假設，從未來的營收、資本支出到利潤率。未來現金流預估完成後，就會以適當的折現率折算（帶回）到現在，以

找到一支股票預估的價值，然後這個結果就會和實際的股價做比較。許多人算到這裡就結束了，但這才只是剛開始而已。

折現現金流輸出──一間公司的預估內在價值──對模型中所使用的假設很敏感，而且裡面有許多假設。預期這個模型會產生額外的股票價值並不切實際，這個模型頂多只是顯示股票價值的方向。

折現現金流是一個「大致正確」的模型，所以應該要當成大致的情況來看待。這是最後一個步驟，而且為了找出公司可能的內在價值範圍，我們應該改變模型所使用的假設。價值範圍並不是精確的數字，但是請記住，我們的目標是找到大致正確的結果，而非絕對錯誤的結果。

我經常看到賣方分析師的研究報告中，把折現現金流模型當成精確的工具，他們會說像這樣的話：「XYZ股票價格10元，顯示股價被低估7%，我們的折現現金流模型顯示價值應該是10.7元。通常分析師只要把折現率調高零點幾個百分點，股票的預估價值就會下降，這樣就是那支股票完整的價值。

在你的折現現金流模型中嘗試不同的假設，你就會找到一些能得出目前股價的假設。這應該能讓你知道，市場對這支股

CHAPTER 8
V（股票評價Valuation）的重要性

票使用了哪些假設。然後你必須根據這些假設是否能達成，來評估這支股票是否有吸引力。

折現現金流模型在極端的情況下很有用，就像泰維的分析讓他在牲畜拍賣會的第一、二天沒有出手一樣，當時像高德一樣的牛隻，售價高於牠們一生能創造的預期現金流。折現現金流模型也能讓投資人不會投資價格衝上天的網路公司，以及1990年代泡沫期間許多其他估值過高的個股。

另一方面，折現現金流分析能幫助你衡量你對個股的預期，讓你有信心買進不受青睞、跌過頭，但是有潛力上漲的個股。

折現現金流模型還有另一個優勢——幫一間公司建構折現現金流模型，應該能幫助你更理解其價值創造和破壞因子。所以這能幫助你專注於這些資料，以及對價值創造有更大的影響：利潤率、營收成長、資本支出、應收帳款、庫存、預估的期間等。

注意雙向的走勢

雖然相對估值工具既簡單又直覺，但是使用時必須小心。

尤其是在盤整的市場中更是如此,因為過去的估值不太可能在短期未來重現。以過去牛市期間或是盤整初期為基準的相對估值,可能給投資人錯誤的買進訊號。

2000年初期的投資人以本益比20倍買進沃爾瑪可能是正確的決定,因為他們假設未來有一天本益比會再達到45倍,就像1999年那樣。這種想法會導致投資人掉進相對股票評價的陷阱。若要避免掉進這個陷阱,投資人在盤整市場中應該以絕對股票評價工具為主,而不是相對股票評價工具。

在任何市場中,安全邊際能提供緩衝,以防萬一公司不符合投資人的預期,而這是遲早會發生的事。但是當公司股價低於內在價值,因為財報不如市場預期、資本報酬率下降,或是利潤率降低,這時股價比較不像已完全反映價值時,對不符合預期的情況產生劇烈的反應。

安全邊際大,公司就不怕任何的批評。簡單來說,以人為比喻,當一個人的名聲已經非常差了,就很難說什麼話來詆毀他的名譽了。公司的安全邊際大,就像是已經被誹謗的人——壞消息已經反映在股價上,所以就算又有壞消息也可能傷不了股價;但是只要有一點意外的曙光就能提振股價。

CHAPTER 8
V（股票評價Valuation）的重要性

安全邊際函數具有以下變數：

・公司的品質——業務與財務風險
・投資人要求的股票報酬率
・公司的預期盈餘成長率
・公司的預期股利殖利率

品質不同的公司，你應該要求一樣大的安全邊際嗎？當然不能。一間公司摔倒是遲早的事，體質佳的公司會站起來、重振旗鼓，然後繼續走下去；體質弱的公司可能永遠也站不起來，可能會清算，或甚至是破產，導致投資人血本無歸。

正如我們討論過的，股東獲得報酬有兩種方式：股價上漲，以及股利支付。長期下來，股價上漲可能是盈餘成長，以及／或是本益比擴張。如果股價被低估，而且可能回到公平價值的水準，本益比擴張就只是安全邊際扮演它「報酬率來源」的角色。股利和盈餘成長較高的公司，會需要較低的安全邊際，這並不表示你不應該試著買進安全邊際大、支付高股利，而且盈餘成長速度快的公司股票，而是建立一個裡面都是這類公司的投資組合可能會很困難。

從相對到絕對

現在我們有了各種股票評價工具，就來試著利用這些工具以獲得綜效吧。

我通常會先做相對估值分析，因為這可以讓你知道，相對於同業，一間公司的股價一直是溢價還是折價。相對估值工具是很重要的暗示，不太可能給你一個完整的答案，至少一開始不會，但是能讓你提出對的問題：那就是「為什麼」？為什麼一間公司（或一個產業）的股價比同業（或大盤）高或低？答案可能是因為成長率的不同，或是經營團隊的品質給人的感受，或是資本結構或資本報酬率等。

然後我會做折現現金流分析，並假設不同的好、壞和很壞的情境。舉例來說，我可能會先做相對價值分析，然後再用折現現金流分析，預估一支股票的公平價值是50美元到70美元，這樣我應該就能縮小範圍了。

結合所有的股票評價方法，就能包含所有價值角度，並讓你看清楚一間公司真正的價值了。在盤整市場中以對的價格和對的安全邊際買進一間公司，還不一定能成功，但這是個好的

CHAPTER 8
V（股票評價Valuation）的重要性

開始,能讓你通往成功。

雖然你應該試著從許多角度看公司,盡可能使用許多模型,有些模型比較適合分析某些公司,舉例來說,使用資產負債表來創造盈餘(主要是金融公司)的公司,會用股價帳面價值比(price-to-book)來評估價值,其中的帳面價值(book)就是公司的資產減去負債。「股價帳面價值比」是比較適合用來評估銀行的工具,因為銀行的資產和負債經常是按市場價值來計算的。但是股價帳面價值比分析,無法呈現有很多智慧財產權的公司的真實價值(例如軟體公司或藥廠)。

有些情況下拆開分析(或稱為分類加總價值法)比較適合。傳統的折現現金流、相對本益比模型(相對於過去和相對於同業)還有分類加總價值法都非常適合分析eBay。但是因為eBay擁有許多不同的業務(eBay市集、語音IP供應商Skype、線上支付服務PayPal)都以不同的速率成長,而且競爭優勢也非常不同,那麼獨立評估每一個業務能讓人更深入了解這間公司整體的價值。分開獨立評估每一項業務,然後把所有部分加總,也有助於你找出該把心力集中於哪裡。

Skype是個令人興奮的生意,但是它只價值30億美元,而eBay擁有3成的持股,但eBay的市值將近300億美元。因此,計

算出Skype精確的股票評價對於評估eBay的其他業務並沒有多重要。另一方面，PayPal一年成長20%到30%，並且占eBay總營收的1/3；它具有重要的競爭優勢，而且比競爭對手還要領先得多。我會用較高的本益比、較低的折現率，然後也許對PayPal使用的成長率比eBay的市集業務更高，因為eBay的市集業務面臨著亞馬遜激烈的競爭，而且成長率緩慢。此外，由於PayPal業務處於高成長模式，而且新的業務投資限制了它的邊際，我也會用股價營收比來比較PayPal和較傳統支付標程競爭者的估值，例如威士（Visa）和萬事達卡（MasterCard）。

在評估一門生意的價值時，別忘了它的現金。eBay有50億美元的淨現金在銀行裡（現金減掉負債），在使用我們討論過的不同工具評估eBay的個別業務後，加總所有的部分以及淨現金，就能得到很好的eBay真實價值預估值了。

請小心本益比壓縮

在盤整市場中，我們該如何應對本益比壓縮的情況？這可能是我們要回答最困難的問題。我花了很多時間查過前一個盤整市場，也就是從1966年到1982年。我研究過不同本益比（有高有低）的股票績效，並發現以下事項：

CHAPTER 8
V（股票評價Valuation）的重要性

- 因為市場的本益比萎縮，所以股票評價高的股票本益比變化表現最差。
- 本益比最低的股票，績效總是超越本益比最高的股票，有時候邊際達2:1。

當大盤的整體本益比壓縮時，這種股票的本益比下滑比較小；當大盤的本益比擴張時，這種股票的本益比擴張也較高（1996到1982年的長期盤整市場中，發生過好幾次大型的周期性熊市和周期性牛市，請參閱圖2.2）。而且，這種股票的本益比較低，導致更高的盈餘殖利率（即每股盈餘），因此造成更高的股利殖利率，而股利殖利率占總報酬很大一部分。

> 價格是你所付出的，價值才是你所得到的。
> ——班傑明‧葛拉漢

對高本益比的「成長」股來說（至少高本益比暗示著成長），成長（包括盈餘成長與股利）並不會抵銷盤整市場造成的本益比侵蝕。

歷史上來說，盤整市場對本益比都不太友善。如果我們從

1966年到1982年的盤整市場中學到的教訓能代表其他盤整市場，那麼盤整市場對高本益比或是所謂的成長股非常有害。

解決本益比被侵蝕最簡單的方法，就是提升你的投資組合中股票的安全邊際。要求更高的安全邊際會使你更難找到可以買進的股票，但本來就應該是這樣！你的目標應該是建立一個投資組合，裡面都是高於平均的機會股。記住，過去盤整市場中一般股票走過的路，最後都是微薄的報酬——你想要的是更好的報酬。

我一再強調，你要非常小心為了成長所付出的價格。當盤整市場持續，投資人變得對成長更漠不關心，而且願意付出的價格愈來愈低。如果你持有一些高本益比的股票，就一定要確保這種股票的成長性能大幅彌補本益比萎縮的情形。

CHAPTER 9
整合運用

品質＋股票評價＋成長

我們在前一章分別看過每一個面向：品質、股票評價和成長架構。在本章中，我們將把這個架構再延伸至重要的一步：我們要把這3個面向放在一起，並探討它們之間的互動。而且我們也要回答一個問題：「在為投資組合選擇個股時，品質、股票評價、成長，你應該犧牲任何一個面向嗎？如果是，應該犧牲哪個？」

哦，抱歉，那是2個問題。

只有1/3達標：那不夠好

你發現這個「很棒的」公司／股票，品質、股票評價、成長3個面向中，只有1個的分數高。那麼你該買進嗎？

★品質好，股票評價和成長不好

在「品質」那一章中我們討論過的所有因子，一間公司幾乎全部都得到高分，但是成長以及／或是股利殖利率都不佳，而且股價被高估，那麼不論公司的品質有多好，仍不是一筆好的投資。

舉例來說，亨氏食品公司在1990年代末期是一間很棒的高

CHAPTER 9
整合運用

品質公司。雖然有一些負債,但也有一些穩定、非周期性的現金流,能提供可觀的利息支出;公司的資本報酬率超過20%;全世界的番茄醬市場大部分都掌握在這間公司的手中,因為這個品牌幾乎就是番茄醬的同義詞——無可置疑是間高品質的公司。但是成長性和股票評價都不太好。1998年時,落後本益比約23倍——不怎麼樣的數字,至少和當時其他個股比起來不怎麼樣。因為它已經擁有番茄醬市場,那時候公司的成長展望是低個位數,而且股價並不便宜。

2010年時,在經過12年的盈餘些微成長後,亨氏的股票公平價值沒什麼變動,本益比15倍。微薄的股利是股東自1998年以來收到的唯一報酬。

高品質雖然讓公司不會倒閉,但股價被高估則可能使得股票變成差勁的投資。此外,低於標準的成長不會帶給這間高品質公司極需的救贖。我們將在本章討論的「宗教股」通常也有類似的特質。

★股票評價好,品質和成長不好

股票評價分數佳(股價便宜)但是缺乏成長性或品質的股票,面臨的則是不同的命運。時間就像是這間公司的定時炸

彈,希望價值差距能縮小——股價上漲——的人可能會有好運,也可能不會。因為這種股票的成長性分數低,盈餘成長和股利並不會拯救他們。因此,買這種股票就像接刀子,你可能會接到刀柄,或是接到刀鋒。

舉例來說,通用汽車(General Motors,簡稱GM)超過20年來大部分的時候本益比是6倍到10倍,只有少數時候盈餘下滑,使得本益比上升或是變成負的。表面上看來,通用汽車是統計上看來便宜的股票,可惜的是,曾經是美國工藝才能和成功典範的通用汽車卻被工會破壞,市占率輸給更有效率、經營更良好的日本競爭者,並於2009年破產。

★成長好,品質和股票評價不好

我們來看看低品質、被高估、盈餘成長快速(以及/或是股利高於平均)的公司。雖然看起來時間對這種公司有利,因為成長中的盈餘和股利長期下來可能會縮小股票評價的差距。和前一個例子類似的是,可能在股票評價差距縮小之前,低品質就使公司倒閉了。或是公司可能會撐過品質和股票評價的問題,但是這條路充滿了意外,而且類似之前的情況,這會有許多的風險。

CHAPTER 9
整合運用

　　1990年代末期，有很多網路公司就屬於這個類別。這些公司的營收成長快速，股票評價很高，很難找到競爭優勢。我們都知道這些公司的命運如何，其中有許多破產，沒有幾間存活下來。

> 　　成功是很差勁的老師，它會讓聰明人以為自己不會輸。
> ——比爾・蓋茲（Bill Gates）

☼ 2/3達標：比較好，但這樣足夠嗎？

　　比起只有一項得分高的公司，至少兩項得到高分的公司，風險報酬比應該會好得多。2項高分、1項低分的情況有3個不同的組合。

★品質和成長好，股票評價不好

　　許多投資人分不清楚好公司和好股票的差別——這是一個重要的認知錯誤，這也許是投資界最常見的謬誤之一。我們很容易找到好的公司，好公司很容易符合品質和成長的測試：品牌好、資產負債表強勁、資本報酬率高；營收和盈餘一致成

長,而且也會持續成長。但是好的公司可能是也可能不是好的股票。

股票評價分數低的公司,品質和成長性的分數必須非常高才能彌補股票評價低;盈餘成長和股利支付的組合必須夠高,才能抵銷可能的本益比壓縮,以及沒有安全邊際的衝擊。

你一定要知道一件事:品質和成長性分數高,未必能抵銷公司股票評價過高的問題。這些分數可能表示公司很好,但是股票評價過高可能使這間好公司變成不好的股票!換句話說,你可能想要為這種公司工作,但你可能不會想要持有它的股票。*

某一種公司就屬於「宗教股」的類股。宗教的基本條件就是,相信的人都是在冒險——不期望看到證明就去相信。因為事關情緒,所以公司需要一點時間來發展這種信念跟隨:只有少數高品質、備受敬重的公司具有長期的過往績效,能讓數以百萬計不質疑的投資人崇拜。但是當公司得到這樣的地位時,所有人都看得出來這種公司,所以它就變成了所謂的宗教股:持有這支股票準沒錯的個股,使得其股票評價高得離譜。

* 另一方面要說的是:在盤整市場中,為這種公司(沃爾瑪、

CHAPTER 9
整合運用

J&J、美敦力〔Medtronic〕等）工作的高階經理人一定士氣不振。你的股票在1990年代末期和2000年代初期時被高估——這和你一點關係也沒有，是投資人把股票評價推上天。你領薪水辦事——讓公司盈餘和現金流以合理的速率成長（每年12%到15%，超過10年的期間，視公司而定），但是你的辛勞（盈餘成長）卻因為本益比壓縮而被吃掉了。我知道現在很難同情《財星》500大企業的高階經理人，但是股價長期停滯不成長，一定會降低高階經理人的動力。這只是我的想法，僅供參考。

若要達到宗教股的地位，一支股票必須令股東滿意很長一段時間，股東才會願意放手一搏。有產品或服務使用於日常生活中的高品質品牌，雖然有幫助達到這個地位，但是並非必要的。親朋好友買進幾百股，然後就變成富翁的故事（通常也是真的）要持續一段時間，股票才會變成宗教。公司過去的成功，一點一滴地變成絕對而且永恆的真理。投資人的信念根深柢固；過去的成功繪製了未來清楚的畫面，指向投資人的救贖。

投資人會逐漸從謹慎的股東變成振奮大喊的啦啦隊員。經營團隊被稱為有遠見。股票變成單一決定股：買就對了！20世紀中期的「漂亮50」和1990年代中期幾支科技股就是這樣。這種興奮的心情不是一夕之間造成的，很多悲觀主義者必須變成

信徒，一支股票才會變成宗教信仰——以及高昂的本益比來反映這一點。

1990年代末期的可口可樂，就是標準的宗教股例子，很少公司能創造這麼長期的績效，而且是這麼國際知名的品牌。真的很難不佩服這間公司，但是對可口可樂的欣賞在1990年代末期升級到了不理性的程度，而且本益比推升到近50倍，比大盤的本益比還要高得多。公司雖然業務風險不高，但是到了1999年，高股票評價已經反映了這間成熟的公司無法達到的期望。

「未來不會和以前一樣」，是美國職棒大聯盟知名球員尤吉・貝拉曾說過的話，他從來不會令我們失望。老年和風溼病終究找上了這支宗教股。沒有任何公司可以永遠以高速成長，速度終究會減緩。可口可樂以持續兩位數盈餘成長聞名，卻令忠誠的信徒失望，接下來的十幾年，成長率只有之前幾十年的一半。

可口可樂跌落神壇，導致股價從1998年的每股89美元，跌到2010年的每股55美元，但這時股價仍不便宜，2009年時的本益比為18倍，儘管盈餘預期和營收成長為5左右。

另一支宗教股是奇異電器（GE）——不會出錯的公司。

CHAPTER 9 整合運用

但是一旦宗教、無條件的愛、完全信仰奇異的面紗被金融危機揭開,股價就崩盤了,許多人發現這就只是又一個複雜、無法分析、對商業票據市場上癮的金融企業集團而已。

奇異電器沒有什麼新的東西好說的,除了它代表了宗教股的問題——這種股票的買進以及許多情況下被持有,都是因為信仰。在評估奇異電器的價值時,沒有幾個人會看到盈餘以外的東西,而盈餘有如用尺畫出來的一般,這是經營團隊透過不透明的奇異金融來改變退休金方案的假設,以及調整準備金所做出來的結果。奇異電器(類似於許多其他非常大型的金融公司)就像熱狗——你不知道裡面到底有什麼東西。

宗教般的信仰使得超高的股價必須要花一點時間才會完全洩氣,因為信仰是很強烈的情緒。很多對低於標準績效的不滿必須浮上檯面,投資人的失望會一點一滴侵蝕信仰。

宗教股不是安全的股票。非理性的信仰和對安全的錯誤認知會帶來巨大的代價——宗教溢價(也就是高股票評價)減少的隱性風險。這種風險是看不到的,因為以前從未浮上檯面。宗教股幾乎顧名思義,過往的績效會愈來愈一致,很少看到風險。然而,這種隱藏的風險是獨一無二的,因為這不是會不會出現的問題,而是何時會出現的問題。很難預測溢價在消風之

前會膨脹到什麼程度——但它最終還是會消風的。當股價消風時，對投資組合可能會造成巨大的損害。此外，宗教股在投資組合中通常占有的比重大得不成比例，因為宗教股從來不會被出售——這就使得試著謹慎的投資人面臨更大的風險。

宗教股通常能以高分通過品質測試，因為這種股票過去的成功是由強大、可持續競爭優勢所帶動的。宗教股最大的危險是什麼？正是這種建立在過去績效基礎上的信念，使投資人相信公司仍會持續面臨高成長，而情況通常並非如此。宗教股下一個最大的危險是，如果沒有盈餘和現金流成長，當本益比縮小時，幾乎沒有什麼東西可以緩衝股價的跌勢。當本益比溢價下降時，股票的行為取決於許多因素，但股市表現和公司盈餘成長是最重要的因素。

盤整市場是造成宗教溢價消風的因素，使得宗教股變成低於標準的投資標的。面對宗教股，你要保持不可知的觀點，因為這些股票給投資組合帶來的舒適感和虛假的確定感，要付出的是龐大的代價——而這龐大的代價就是長期落後大盤。

★品質與股票評價好，成長不好

這種事經常發生：你找到了一間擁有知名品牌、強大競爭

CHAPTER 9
整合運用

優勢、穩健的資產負債表、資本報酬率很棒等所有條件的好公司,至少從表面上看來,股票評價很有吸引力。公司在競爭的市場中占據主導地位,但市場成長速度並不快,而且公司占據了整個市場占有率——這是一間成長緩慢的公司。

你該怎麼辦?完全不買成長緩慢的公司嗎?也許不必,但你可以做這兩件事。

首先,你可以要求更高的安全邊際。假設你有兩支股票:A的年盈餘成長率是6%,並支付4%的股息,B的成長率為0%、不支付股息。A股票付錢請你持有它,股利讓你的帳戶每年增加4%,而不斷成長的盈餘使股票價值每年增加6%(其公平價值應增加6%,就算價格在任何特定時刻都沒有反映出來)。如果你持有A股票,那麼時間就是站在你這邊的,B股票則完全不一樣。

B股票的價值是靜態的,因為盈餘沒有成長,而你的帳戶也沒有增加,因為沒有股利進來。

如果你的分析讓你相信每一支股票都價值100美元,你可能會想要A股票給你公平價值折價30%,所以你會願意以每股70美元買進。而你對B股票要求的安全邊際應該要更高,你不

會希望折價30%，像A股票，你應該要求折價的程度更大。多大？這就要視你認為要等多久市場才會反應B股票應有的價值。你為B股票設定的價格肯定要比A股票的70美元還要低——你預期等待的時間愈久，折價就應該愈大。

我的第二個建議是尋找催化劑——一個能夠在特定時間範圍內縮小安全邊際差距的事件。催化劑是讓投資人重新對被低估的股票感興趣，推動股票達到其公平價值的事件。可能有許多不同的形式，例如公司重組或出售表現不佳或非核心資產，進而釋放股東價值。新的經營團隊也可能扭轉公司的經營局面，這間公司也可能被另一間公司收購，或是透過現任經營團隊的槓桿收購私有化。

關於催化劑，你要問2個問題：

(1) 你有多確定催化劑會發生？
(2) 催化劑是否能吸引足夠多的投資人興趣，以帶動股價漲至公平價值？

★股票評價與成長好，品質不好

這是最危險的一種組合：一間公司正在以相當快的速度使

CHAPTER 9 整合運用

盈餘成長以及／或是支付股利,股價很有吸引力(至少相對於成長率而言),但是品質有缺點。公司的競爭優勢可能很弱、可能槓桿過高、資本報酬率可能低於資金成本,或是收入可能不是經常性的。

這種情況很難一概而論,因為品質的問題本質上是很多樣的。在更高的成長率或更高的安全邊際中尋找救贖可能足夠,也可能不足。舉例來說,如果資本報酬率遞增的程度低於公司的資金成本遞增,那麼高成長只會損害公司,在這個過程中就會破壞股東價值。

例外是當公司的資本報酬率因缺乏規模而受到影響時。成長可以透過充分擴大規模(將更高的收入分攤到相同的固定成本上)和提高資本報酬率來拯救公司。

一間槓桿過高的公司最連最小的錯誤也不能犯,因為後果可能會很可怕,如果發生災難,即使有很大的安全邊際可能也無法提供避風港。投資人應該注意品質問題的嚴重性和多樣性,如果公司有一個品質缺點,就應該有另一個品質優點來彌補。例如,一間收入不穩定或不可預測的公司,那麼公司的資產負債表就應該要非常穩健才行。

觀察大多數時裝零售業者，尤其是出售青少年服飾的零售商——例如美國鷹AE（American Eagle Outfitters）或A&F（Abercrombie & Fitch）——這些零售商的債務很少，現金餘額很大。他們銷售的產品有很大的時尚風險，看起來破舊的牛仔褲可能會在轉眼之間就變得不酷——青少年的品味是出了名的不穩定和不可預測。銷售可能會迅速下滑，將一間獲利的公司變成虧損的公司。在這種情況下，時尚業強勁的資產負債表就非常能彌補其品質上的缺點。

而沒有競爭優勢的公司就是幾乎沒有救。強勁的資產負債表可能會延長其預期壽命，但無法將公司從不幸的命運中拯救出來。就算公司的資本報酬率很高，如果沒有競爭性的護城河來保護資本報酬率不受到競爭對手入侵地盤，可能也生存不了多久。

犧牲？絕對不要！

不要犧牲超過一個因素，因為這會帶來太多風險，並且往往會導致低於標準的報酬。品質、股票評價和成長性，三者都是價值創造的重要來源。正如巴菲特說的，股票評價和成長「結合在一起」，就是報酬的來源，而品質則能確保公司會繼續收穫努力的成果。

CHAPTER 10

瞬息萬變的市場

在盤整市場中,思考長期、操作短期

積極型價值投資：
突破盤整市場的終極投資法

長期投資是一種態度、一種分析的方法。我的意思是，將思考的流程專注於決定要不要在對的價格投資於一間公司（一門生意），而不是試著做一筆超棒的股票交易。

在盤整市場中，這種投資哲學，也就是你分析公司的方法，並不需要改變。但是買進並持有的程序、你的投資哲學的執行方式則需要稍做調整。

買進並持有就只是「買進然後忘記賣」的策略而已。買進一支股票前，你很可能很認真做了該做的研究，但是「持有」就只是掩飾你缺乏具體的賣出程序而已，除非你認為「持有直到死亡將我們分開」是賣出程序。「買進然後忘記賣」在長期牛市來說很有用，本益比會從很低一直擴張到很高。但是正如我們在前一章看過的，在盤整市場要採取與牛市行為完全相反的行動。

在盤整市場中，你應該採用的是主動的買進及賣出策略：股票被低估時買進，完全反映價值後賣出，而不是等到股價被高估才賣出。

CHAPTER 10
瞬息萬變的市場

☀ 波動性──你最新的好朋友

盤整市場至少不無聊。我們的投資到最後可能會白忙一場,但至少是很刺激的過程。盤整市場的波動性非常大,過程可能很刺激,但是報酬率很不刺激。

你必須和波動性成為朋友;你要尊重波動性,並且善用波動性。我不是建議你摸頭探底,在高點變現、低點all in(房子拿去抵押、連你的愛貓也被抓去當鋪典當)。雖然看過去的線圖找高低點很容易看出來,但是在當下並不明顯。

摸頭探底的人會根據他們對股價、利率或經濟狀況的短期方向預測,來做買賣的決策。建立一個成功的摸頭探底的程序非常困難,甚至是不可能。這麼做除了你需要猜對兩次──買進和賣出的時機──還有情緒是主導市場的因素,尤其是在頭部和底部的時候。就算你猜對經濟事件,幸運女神親吻你的臉頰,你抓對了時機,但市場也可以根本不認帳,後來完全不理會你猜對的經濟事件。舉例來說,2007年夏季時,房市泡沫終於破滅了,次貸這個有毒的廢物貸款浮上檯面。信貸市場急凍……然後你會想,股市應該會下跌吧?才沒有,道瓊漲到歷史高點,創下14,000點,好幾個月都沒對這個問題做出任何反應。

事實上，最糟糕的事就是，你只猜對一次市場的方向改變。你會以為自己已經了解市場了，但其實你並沒有真的了解它。隨機性只是在耍你，如果你上當了就會虧損，或是沒有賺錢。

抓準個股的時機，而非大盤的時機

不要試著摸頭探底，我對波動性的回答是，透過嚴格執行買進及賣出的程序，選擇個股的價值時機。如果你不喜歡「選擇時機」這個用語，也可以稱為「定價」──你要為個股定價。你在股價被低估時買進，在完全反映價值時賣出。

選擇股票的時機，首先要將股票分析拆成3個部分，也就是品質、估值和成長性，然後合併分析。若要避免落入「好公司／爛股票」這個誘人的陷阱，或者更糟的是「宗教股」的情緒陷阱，就對公司進行分析（品質與成長性）以及個股分析（估值），兩個是分開的步驟，然後問2個不同的問題：

(1) XYZ 是不是好公司？
(2) XYZ 是不是好股票（投資）？

再進一步，如果兩者（好公司與好股票）的答案都是「是

CHAPTER 10
瞬息萬變的市場

的」，就可以買進這支股票了。

> 本來我看多，後來我看空，現在我看破了！
> ——米爾頓・柏利（Milton Berle，喜劇演員）

如果沒有通過好公司測試，那就繼續找別的股票——還有更多好公司的股票！但是，如果一些公司通過好公司測試，但是沒有通過好股票測試，你可以打造一個「稍後再買」清單，或是稱為「我想要在對的價格持有的公司」清單。

每一間你覺得值得持有的公司（高品質、成長品牌），設定這間公司會變成好股票的最佳價格或估值水準。先用相對與絕對估值工具的組合來判斷公平價值，然後選擇必要的安全邊際（公平價值的折價）、讓你買進的本益比。最後（也是最困難的部分），耐心等待這支股票跌到預先設定的目標估值水準以及／或是價格。

使用估值目標，例如本益比（或是價格現金流比、價格帳面價值比等）比使用目標價還要有優勢。隨著時間過去以及盈餘成長，特定目標價會變得沒那麼重要，因為目標價是在盈餘動力較低（或較高）的時候設定的。因此，就算股價上漲，如

果盈餘動力以較快的速度升高，這支股票仍可能吸引投資人買進。

打造願望清單的好處是，就算沒有立即買進股票，做分析所花的寶貴時間也不會白費。通常以好的價格、好的條件買進好公司的機會，稍後就會出現。編寫「稍後再買」清單，讓你不會對好公司產生情緒上的依附。這麼做可以讓你的情緒符合事實，那就是，投資並不是為了在任何價值擁有好公司感覺良好，而是為了賺錢並且承擔合理的風險。

以靜制動

投資的第一目標應該是不要虧錢，因此你應該盡量避免邊緣決策：不要買品質、估值和成長性架構全都還沒達到適當分數的股票。

布萊斯‧帕斯卡（Blaise Pascal）曾說：「人類所有的苦難，皆來自無法獨自安靜地在房裡坐著。」你必須能按兵不動，直到好的投資機會出現為止。這真的很難辦到，尤其是當股票一直漲漲跌跌、新聞如洪水湧出、財報季，而且很多人在交易的時候。

CHAPTER 10
瞬息萬變的市場

不參與買牛的熱潮,就是泰維和其他農民不同之處,其他人在牲畜拍賣會的第一天就開始花錢,然後在第三天虧掉大部分的錢。泰維有耐心,可以在拍賣會第一、二天按兵不動;他沒有具體的成果,因為他沒有買進牛隻。在這幾天,當他回到第二任妻子哈芙卡(他沒有把牛取這個名字)身邊時,他說他沒有買牛,她質問他:「那你都在幹嘛?」泰維耐心地解釋:「我在找我要的高德,但我沒找到。」

泰維很清楚地知道,他要的高德有哪些條件,以及他願意花多少錢去買。拍賣會最初兩天,儘管氣氛熱絡,有幾頭牛看起來很便宜,至少表面上看來是這樣。但是泰維耐心地讓其他農民競標,因為牠們缺乏他在找的特質。他知道當天氣溫暖時牛隻的狀況不錯,產出的牛奶就像他要的高德,但是天氣遲早都會變冷——這些牛隻的身體就會變弱,然後忽然間看似「便宜」的牛隻就沒那麼便宜了。

在拍賣會的第一、二天,泰維不採取行動這件事就是一個清楚狀況、下定決心的行動。1998年在波克夏·海瑟威(Berkshire Hathaway)的股東大會上,巴菲特說:「我們不會因為採取行動而獲利,只有做對的決定才能獲利。至於我們要等多久,答案是無限期。」巴菲特在不採取行動時會玩橋牌,而他的左右手查理·蒙格則是訓練自己的心理模型,他會閱讀各

167

種提升他才智的書籍。

在大牛市期間,現金是你最大的敵人,因為現金不會因為市場上漲也跟著增加。我們在第3章談過,在牛市期間,持有債券或現金會有虧損的機會成本,但是在盤整市場中,因為缺乏具有吸引力的股票,當固定收益工具也在爭取你的資本時,現金就會是個不錯的好朋友。

如果你是摸頭探底的人,那麼你的現金餘額就是一個函數,表達你認為市場接下來會如何發展。但是摸頭探底者的現金餘額,是市場中出現的投資機會的副產品。如果你找不到好的股票以符合你的QVG條件,那麼現金或短期債券都是很好的替代選擇,直到新的機會出現為止。你不應該為了完全投資而買股票。

我完全不想要預測短期和長期利率,或是貨幣市場基金的殖利率,但是不論這些工具的殖利率如何,只要不是在虧損的狀態,這些工具都優於邊緣投資。除非你找到絕佳報酬率的股票,符合所承擔的風險,那麼你就應該以現金來保留你的錢。

CHAPTER 10 瞬息萬變的市場

☀ 時候到了，就要出擊

專業的投資經理人沒有時間玩橋牌或是閱讀和投資無關的書（可能是文明史，或是上一次冰河時期），至少不能用公司的錢做這些事。就算你在家投資也會面臨類似的問題——另一半（和老闆一樣）似乎就是不了解，什麼也不做，其實就是在跟隨偉大投資人的腳步！「按兵不動」的時間，應該要用來增加你的專業領域知識。你應該準備好作戰，研究品質和成長性分數高的公司，以及尋找應該放進「下次再買」清單中的公司。然後監控情況，當時候到了，你的「下次再買」清單中的公司達到買進目標的股票評價時，就要毫不遲疑地出手。

CHAPTER 11

重生成為價值投資人

在盤整市場中,逆向投資的重要性

「逆向」到底是什麼意思？一直做和所有人相反的事？如果你同意其他人做的事情怎麼辦？你應該為了逆向投資而不同意其他人嗎？當然不是，逆向投資的意思是——能獨立於人群的思考和行動，不會因群眾思維而動搖。這表示你維持在自己的軌道上，獨立於群眾的方向，不論是同意或不同意群眾的行為。逆向的意思是，不會無條件接受市場的看法，而是試著發展出自己的意見。

> 當別人同意我的時候，我總是認為我一定是錯了。
> ——王爾德（Oscar Wilde）

成為逆向投資人或獨立思考者，對於在盤整市場中的成功極為重要。在這段時間，你必須長時間執行嚴格的買賣流程。當股票完全反映其價值時，在反彈並賣出時需要一種逆向心態，因為這通常是對股票非常興奮的時期，群眾正在買入。相反地，當傳統觀點認為市場不是你想要的方向時——但下次再買清單上的股票開始達到買入的價值——在市場拋售時買入就需要一種不帶情緒，而且通常勇敢的逆向思維。

當投資大眾（尤其是我們周圍的人）站在我們這邊時，我

CHAPTER 11
重生成為價值投資人

們對未來感到更舒適、更確定,因為我們想要對自己的決定感到滿意,所以做人群所做的事情提供了我們不斷尋求的安慰。不隨波逐流,或者更糟糕的是,做出與群眾相反的決定,可能會考驗我們的信念並帶來自我懷疑。

在1990年代後期,跟隨人群很容易。例如,那群人愛昇陽(Sun Microsystems)愛得要命,股價在2000年達到64美元的高點,但在2002年初穩定在個位數,並於2009年被甲骨文以每股9.50美元的價格收購。以下是2003年美國《商業週刊》(BusinessWeek)對昇陽執行長兼創辦人史考特・麥克尼利(Scott McNealy)的採訪內容摘錄,他在訪談時回答了一個關於將昇陽股票推升至64美元時群眾想法的問題:

2年前,我們的股價是64美元,是營收的10倍。以營收的10倍來計算,若要讓你在10年後賺回這筆錢,我必須連續10年把100%的營收用來發放股利,這是假設股東會同意我們這麼做。這假設我的銷售成本是零,這對電腦公司來說非常困難;這假設支出是零,這對有39,000名員工來說真的很困難;這假設我不繳稅,這是非常困難的事;這假設你的股利不繳稅,但這是不合法的;這是假設未來10年完全不從事研發,我還能保持目前的營收運行速率。當這些全都辦到後,還會有人願意以64美元的價格買進我的股票嗎?

有時候,投資群眾的行為方式是非理性的,而這種時候,獨立思考的能力就極為重要,因為跟隨群眾雖然能給你一些情緒上的安慰,但經常會伴隨著相關的代價——財務損失。本章概述了幾種方法,以確保你總是能獨立思考。

把耳朵塞起來

在史詩《奧德賽》(*Odyssey*)中,海妖用魅惑的歌聲引誘船隻到牠們的島嶼,然後殺死水手。當奧德修斯(Odysseus)的船即將經過海妖的島時,他意識到海妖的力量以及他自己無法抗拒牠們甜美的歌聲,於是他命令水手用蠟封住耳朵,並把他綁在桅桿上(注意,他沒有用蠟封住自己的耳朵)。當船經過海妖的島時,奧德修斯忍受著海妖令人陶醉的歌聲,並命令他的水手改變航向,要他們撞上海妖的島;但是水手們當然聽不到他的聲音(因為耳朵被蠟封住了),所以他們就維持在航線上。*

當船離開島嶼,海妖的歌聲逐漸消失,水手把奧德修斯放下桅桿。所以,這個故事不同於其他希臘史詩,並沒有以悲劇告終。

* 納西姆・塔雷伯在他的著作《隨機騙局》(*Fooled by Randomness*)

CHAPTER 11 重生成為價值投資人

中,利用奧德修斯的故事來闡述類似的重點。

我們的現代冒險家,投資人先生,經常受到股市迷魂曲的影響——媒體不斷發出和放大的甜蜜噪音。與奧德修斯不同,奧德修斯是故意給自己帶來想要他不能也不應該擁有的東西的痛苦,而且他願意為聽到海妖的歌聲而付出代價,投資人先生不由自主地不斷暴露在市場噪音的毒性中,這損害了他的精神狀態,並將他從投資人變成了交易者,同時給他帶來很少正面的作用。

如果投資人擅長交易,那麼從投資人變成交易者就不是一件壞事(我有些好朋友是交易者);不幸的是,大多數人都不是。成功的投資人很少也是成功的交易者,投資人的工具箱中就只有買低、賣高這個工具,以及通常在交易領域會失敗的心態。對於交易者來說,以低於內在價值的價格買入的概念被低估了,買高賣更高的心態在華爾街版的「大風吹」遊戲中是很普遍的。

股市波動性,以及伴隨的有毒噪音,扭曲和壓縮了投資人先生的時間感受,釋放出貪婪和恐懼的惡魔,將過去理性的買低賣高投資人,變成了買高賣低的情緒性交易者。投資人的價值體系——理性的過程——被媒體的妖言惑眾在那一刻選擇宣

傳的價值體系所取代。我們的理智和投資過程應該受到保護，但是與奧德修斯不同的是，我們不應該把自己綁在桅桿上，讓自己受到媒體放大的市場噪音所折磨，而是應該封住耳朵。

雖然意識到噪音對投資人心理的影響是個開始，但這還是不夠。市場產生並被媒體放大的噪音的龐大數量和速度，會破壞並致命地堵塞我們的噪音過濾機制。我們應該積極主動、有條不紊地創造一個保護性環境，限制（或徹底阻止）大部分的外部噪音，只有這樣我們才能開始過濾。

我們來試著為無噪音環境建立一個大致的基本標準。把自己帶回1960年代，回到一個遠離華爾街的地方——可能是奧馬哈、丹佛（我個人喜歡這個地方）、傑克森洞或任何其他地方，只要郵局能夠以正常的效率投遞報紙和財報即可。

正如著名的價值投資人莫尼斯·帕布萊（Mohnish Pabrai）所說，你是一個有錢有閒的紳士，你決定什麼對你來說是重要的，你按照自己的條件消費資訊，瀏覽報紙和年報、研究行業和評估企業、閱讀投資書籍，如果你覺得打個盹能讓你成為一個更好的投資人那就打個盹。

在1960年代，電視對股市的討論所激起的興奮感，只比觀

CHAPTER 11
重生成為價值投資人

看無聊拼字比賽稍高一點點而已。股票市場還不是全國性的休閒活動,所以媒體很少或根本不花時間解釋為什麼在任何時候投資人會集體選擇推高或壓低道瓊工業指數。當然,即使在1960年代,非常渴望財經新聞的投資人也可以接觸到每天的股市噪音,但他們必須非常積極且辛苦才能得到這些資訊。

現在我們已經為理性投資人、1960年代有錢有閒的紳士建立了一個基本標準,接著我們快轉到今天,我們發現這種進步,最初是一點一滴地發生的,現在已經透過個人軟體、電子表格、網際網路、電子郵件和iPad的發明而大量湧入。

我不是要開始提倡用電報取代電子郵件,或者用算盤代替試算表和計算機,但有錢有閒的投資人心態必須得到保護,因此「進步」不應該不受控制地進入我們的生活。

應該多久看一次股票?

讓我們從一些看起來非常無害的東西開始:股票報價。在網際網路上查看股票價格,絕對是比翻閱報紙上的股票報價單要來得好,但股票報價(甚至更糟糕的是——串流媒體報價)的易用性和即時性,讓我們離不開電腦螢幕。

諷刺的是，長期投資人突然不經意地開始每一秒都在判斷他們投資組合（這些投資組合是以年為單位建立的）的成功和失敗。儘管取得資料很方便，但每天只查看報價幾次也就夠了——你查看報價的次數愈少，你就愈能保持理性。

把焦點放在投資組合中的某一支股票，更重要的是，聚焦於公司的品質、股票評價、成長性分數是否仍在正軌上，而不是每天或每周的股價。

> 身心之外即是環境。
> ——亞伯特・愛因斯坦（Albert Einstein）

媒體會把你逼瘋

多年來，缺乏聳動消息推升收視率的嚴肅商業新聞，被一種新的類型所取代了：商業娛樂（當然，沒有人通知投資人這件事）。商業娛樂找到了一種方法來滿足人類對一切事物的解釋需求，甚至是隨機的、無法解釋的事情。現在螢幕上，一群專家透過聳動的標題，引導我們了解股票的每一個走勢，告訴

CHAPTER 11
重生成為價值投資人

我們為什麼股票在早盤時下跌,午盤在窄幅區間內盤整、上漲、然後下跌,最後收在開盤時價位附近。

對於價值投資人來說,商業娛樂頻道上的大多數資訊,與每分鐘的天氣預報對於一年內不打算旅行的人來說一樣多。商業娛樂是一個巨大的噪音製造者,每個專家都擁有彷彿希臘神一般的信心,公布關於明天、下周、下個月和明年股市將做什麼的公告。當一個粗心的訪談者問一位專家沒有答案的問題時,你還是會得到一個答案,因為說「我不知道」就表示他將不再被視為專家,他不會再獲邀上節目,因為商業娛樂應該是無所不知的。

實際上,股市的短期單日(甚至每日)的走勢是隨機的,與拉斯維加斯輪盤賭桌上的球沒有太大區別。短期波動是由數以百萬計的變數驅動的,這些變數是無法預測的——但是商業娛樂頻道還是能想出解釋。在同一小時內,你可能會聽到「隨著股市走高,就業報告未影響交易者」和「由於就業報告不佳,市場下跌」。

我想,如果貝拉吉歐(Bellagio)有一個全天候的電視轉播節目,讓西裝畢挺的專家辯論並解釋為什麼輪盤賭桌上的球落在紅色,並預測球接下來會落在哪裡,大多數人都會覺得這很

荒謬。但這就是商業頻道整天上演的情況。

我不想過分誇大商業娛樂頻道產生的噪音；並不是這些頻道產生的所有東西都是噪音，但是有價值的東西比噪音少得多，要得到有價值的新聞，你就必須被大量的噪音毒害。

投資知識是累積的──我們從分析一間公司或行業中學到的知識有助於未來的分析。但是從商業娛樂中累積的噪音只會增加噪音量，不會增加我們的知識量。

我曾經試圖透過將商業娛樂頻道無限期靜音以控制電視發出的噪音（我認識的大多數人也都這麼做）。然而，電視台主管也發現了這一點，所以現在商業娛樂頻道使用華麗的圖形和「突發新聞」橫幅（每小時閃爍幾次）來吸引像我這樣把電視關靜音的觀眾偶爾的目光。

我的解決之道：白天完全關掉電視。相反地，我都看一些無聊的商業節目，通常是在美國公共電視台（《查理羅斯》〔Charlie Rose〕和《健康追蹤》〔Wealth Track〕節目），主持人和來賓可以就有意義的話題進行明智的對談，使用完整的句子（沒有聳動的標題）。再次以旅遊來做比喻，至少在無聊的商業頻道中，我能學到關於我要去旅遊的地方的資訊。

CHAPTER 11
重生成為價值投資人

這讓我提到一個重點：我們需要一個程序來保護投資流程；必須主動保護我們的理智。

單一任務

我6、7歲時，看著我的外祖父柏爾一邊看電視、一邊看報紙。我好奇地問他怎麼能同時做到這兩點。他說：「這叫做多任務處理。」他繼續說：「我還不算厲害的，凱撒大帝才是多任務處理的大師；他可以同時看電視、聽廣播、看報紙、打電話和熨褲子。」

我花了很長時間才從他隨口說說的話中學到教訓。首先，他不會同時處理多項任務，他並沒有真的在看電視，而是在看報紙；電視是我祖母在看的，他只是喜歡和她待在同一個房間裡。第二，2000年前的男人不穿褲子，他們頂多只穿長袍；所以凱撒不用擔心熨平褲子的問題。哦，對了，那個時候也沒有電話、收音機和電視。第三，不幸的是，我花了30年的時間才搞清楚一件事：我不是凱撒大帝。

事實上，我嚴重懷疑凱撒在現在的世界裡，是否還能成為多任務處理大師，這在技術上甚至比30年前我外祖父客廳裡的多任務處理還要複雜。個人電腦、網路、多種設備上的電子郵

181

件、簡訊、即時消息、YouTube影片，以及任何以「i」開頭的東西，把這個新世界變得非常複雜。

史丹佛大學曾對多任務處理進行廣泛的研究，他們發現一些我們早就應該知道的事情：我們很不擅長同時處理多個任務。他們發現，當我們同時處理多項任務時，就很難忽略不相關的資訊，而且我們會對新資訊過於敏感。我們來想一想這個發現的重要性。如果你正在清掃街道或是把雜貨裝袋，而分析、處理和回應新資訊並不是成功完成這些任務的核心，那麼多任務處理就不是件危險的事。

然而，投資是一種心理鍛練，核心在於訓練我們理性分析、處理和應對新資訊的能力。為了保持理性的心態，我們應該專注於單一任務。

專注還有另一個好處。我很清楚記得去年我度過的最有成效的4個小時，我和內人從丹佛飛往邁阿密，我要去那裡發表演講。我們沒有預選座位，那架飛機已經訂滿了，我和內人的座位只好相隔十幾排。在飛行期間，我無法使用電子郵件，我旁邊的人正在看書，而不是想要找人聊天。我禮貌地戴上耳機、打字，直到筆記型電腦的電池沒電。我寫了整篇演講稿，整整10頁。我在飛機上沒有同時處理多項任務。

CHAPTER 11
重生成為價值投資人

這件事給我上了很棒的一課。當然,為了提高工作效率,我可以整天在空中飛行,並累積飛行里程,但我設計了一種更實用的方法來每天重現飛行環境。在一天大部分的時間裡,我會關掉電話(包括我的手機),並關閉筆記型電腦的Wi-Fi功能,這樣就不能連接網路,以及所有和網路有關的東西:即時通訊工具、Skype、瀏覽器和電子郵件。我打開輕古典音樂然後開始工作。

寫作,寫作,寫作!我們都以不同的方式思考和學習;對我有用的東西可能對你有用,也可能對你無效。但我可以和你分享另一個我覺得對保持理性心態非常有益的技巧:我寫作。我發現寫作是對抗市場迷魂曲的好工具。我邊寫邊想。有些人可以在辦公室裡盯著天花板思考幾個小時,如果你是其中之一,那就不要理會我的建議;但如果你不是,你可能會發現寫作是一個主動的思考過程。我發現這是一個偉大的思想召集方法,我的頭腦就像凱撒沙拉,寫作鼓勵我翻閱一堆生菜,拿出麵包丁——也就是思想——然後把想法整理好。

逆向投資的其他好建議

以下建議在任何市場中都是合理的,而不只是在盤整市場而已,所以請謹記在心。

你不必擁有它。每個人都在談這支股票,這支股票很熱門,有人告訴你,這支股票「一定要擁有」。很多人做這樣的比較——這是下一個星巴克或微軟。但是只要有像微軟或星巴克一樣成功的企業,就會有數百間倒閉而且被遺忘的公司。我們只記得那些成功的公司,因為他們仍然持續營運,提醒我們它們的存在;我們不記得那些倒閉的公司——例如電玩公司雅塔利(Atari)。當每個人都在談論熱門股票時,價值投資者會覺得看起來很昂貴,這種股票沒有安全邊際;股價只反映了希望的回報,但沒有考量到風險。

> 只有少數人一年會思考兩、三件事;我因為一個星期會思考一到兩次而享譽國際。
> ——蕭伯納(George Bernard Shaw)

知你所不知。泰維比較了解農業的某些領域。例如,泰維要買的不是豬,他這麼做有很好的理由。你可能會認為原因是猶太教士和社區不贊成猶太農民飼養這種不潔的動物,雖然這可能是泰維做這個決定的原因之一,但是還有一個更務實的解釋:豬不產奶(或者至少不會生產人類願意花錢買的奶),而

CHAPTER 11
重生成為價值投資人

泰維是酪農。

他對豬帶來的收入沒有很好的感覺,他也不清楚其中的風險。豬肉會與其他白肉競爭嗎,例如雞肉?有狂豬症嗎?豬超出了他的核心知識,所以他堅持養牛。擁有你可以估價的股票、可以了解的公司,這一點很重要。公司必須是可分析的,但是不只是可分析而已——必須是你能理解的。

沒有短期的付出,就沒有收穫。在共同基金行業爆炸性成長的過程中,我們對短期滿足的天生渴望改變了投資業務的核心,將投資轉變為行銷工作。這種心態非常重視跟上(道瓊指數)的步伐,並在每個季度都超越可比指數。但這不是投資的意義;重點在於承擔最小風險的同時,實現你的長期財務目標。投資人的短視近利,為控制大量資本的市場參與者(華爾街)創造了一種內在的激勵,讓他們青睞那些預計在短期內表現良好的股票。他們會出售(或避免)短期內前景不明朗的股票,即使這些股票從長遠來看可能具有很高的風險/報酬率,而短期內並不是很好。因此,如果你能像任何明智的投資人一樣,能忍受短期、放眼較長的期間,不只是幾個財報季,那麼就能創造一個機會:時間套利(或者我也喜歡稱之為短期痛苦套利)。

知道自己的投資並建立書面紀錄。為了保持理智的頭腦，無論人群的行進方向如何，寫下你每筆投資的基礎，確定創造價值和破壞價值的因素，以及你對這些投資的期望。與在購買時記錄股票的賣出估值目標類似，當時寫在紙上的投資主題代表了不帶感情、思維清晰和理性的你，這樣的書面紀錄可以讓你不再擔心。無論市場變得多麼動盪、情緒化的人群行為多麼有說服力，或者媒體將音量調高到多高，你都會有一個清晰的策略來做出理性的決策。

欣然接受各國股票。簡單地說，股票應該競爭進入你的投資組合中。你可以選擇的股票愈多，新股票進入投資組合所必須克服的門檻（機會成本）就愈高。不必將國際股票當成只是多樣化的必要之惡，這些應該以真正的方式為提高這個標準做出貢獻，因為國際股票使投資的規模更大。你不需要把錢投資在辛巴威或阿富汗等法治仍處於起步階段的開發中國家，才能成為國際投資界的印第安納瓊斯。從令你感到安全的已開發國家開始，然後謹慎小心地走出去。

CHAPTER 12

將進化論套用到流程

這場遊戲就是買進並賣出

積極型價值投資：
突破盤整市場的終極投資法

「賣出」這件事就像萬聖節隔天的糖果，非常受到歡迎。在長期牛市期間，拋售則是不受歡迎的，因為買入並持有變成了投資的信仰。由於賣出違反了這個信仰的「持有」契約，買賣的投資人被貼上了不信教的標籤，甚至更糟的是，被貼上了交易者的標籤（如果把「交易者」〔trader〕唸得快一點，聽起來就會像「叛徒」〔traitor〕）。

在牛市中，只有懦弱的傻瓜才會賣出，因為市場的估值正在擴大，甚至二流貨（股票）也開始看起來像純種可卡犬。現在每個投資者都是「長期」投資人，「賣出」就只是一個詞而已。但是持有的時間長並不是長期投資人的定義，態度才是。因為你買了一支股票而持有它是一種謬論，只有經未來風險調整後的報酬值得，你才應該持有一支股票。

巴菲特在這個買入並持有的廟宇中，被人們錯誤地升格為神祇（但我認為應該是被降級），我們就來導正這個錯誤。巴菲特是因為他的投資組合和持有的部位足夠大，將近600億美元，所以出售變成一項艱巨的任務，而使他成為買進並持有的投資人。因為他是一些最大持股公司（例如可口可樂和華盛頓郵報）的董事會成員，這使得賣出持股變得更加困難。在他早期的職業生涯中，在得到「奧馬哈先知」這個綽號之前，他是一名買進並賣出的投資人。

CHAPTER 12
將進化論套用到流程

我們不需要事後諸葛也能知道,可口可樂在1999年的本益比超過50倍,這是被嚴重高估了。可口可樂就像巴菲特的大多數頂級上市公司(寶僑、嬌生和許多其他公司)一樣,股價10年來都沒有什麼變動。看看他持有的頂級公開資產,告訴我如果他在這些公司達到完整的估值時出售,他的績效是否會更好。在大多數情況下,那是10年前的事了。

當我們面臨賣出決定時,情緒會從不同的方向攻擊我們:如果這是一項虧損的投資,我們會想等到收支平衡,這是錯誤的態度。我們的購買價格和我們的出售決定不應該相關(我能想到的唯一例外是為了稅務原因而出售,即使那樣也可能是有問題的)。或是要出售獲利的個股時,我們只想在高點賣出。但這又是錯誤的態度,因為只有在事後才會知道是不是高點,而且通常知道的時候已經太晚了。

當股票達到我們在購買時決定的價格或估值目標時,我們才應該賣出。說到投資(尤其是有關賣出的時候)我們(確切來說,是我們的情緒和假的目標)是自己最大的敵人。

即使是最精心規劃的購買決策,適當的賣出紀律才是決定報酬是好或平庸的關鍵。

沒有賣出紀律的投資人，就像一條有入口但沒有出口的高速公路。在牛市中，通常因為大盤本益比上升，使得投資組合中虧損或是低於標準的個股顯得沒那麼差。一些超級巨星股的績效能幫助投資組合，這些股票的漲勢超出了大多數投資人最瘋狂的夢想。

　　在只做多的投資組合中，選股、估值和多元分散是風險管理的基石，但是賣出程序則是一切成功的要素。

　　事情會發生變化，但並非總是變得更好。品質和成長性會惡化（也就是基本面惡化），使股票成為風險更高、吸引力更低的投資。股票上漲雖然是個好的問題，但卻會導致寶貴的安全邊際也跟著惡化。

　　一個有紀律的賣出程序能為投資組合帶來健康的進化過程（也就是適者生存），淘汰最弱的股票——也就是基本面惡化或安全邊際降低的股票——轉而支持更強的股票，進而改善投資組合並降低其風險。

　　在長期投資人的投資組合中，絕大多數股票賣出決策屬於以下兩種中的一種：

CHAPTER 12
將進化論套用到流程

(1) 股價上漲,安全邊際消耗完,壓低了股票的「估值」分數。
(2) 基本面(品質、成長性,或兩者皆有)已經惡化,或是你預估會惡化。

何時賣股?

> 我的賺錢之道就是賣得太早。
> ——伯納德・巴魯奇

當風險/報酬的方程式對你有利時就應該買進股票,當情況不再對你有利時就該賣出。估值合理的股票、安全邊際耗盡的股票,還有預期總報酬率(盈餘成長加上股利)現在低於你預期的股票,應該被賣掉——就這麼簡單。

你買股票是為了賺錢。當一支股票就像一隻忠誠的寵物,做它買來要做的事情——上漲——你會猶豫是否要賣掉它。畢竟,它創造了你的財富。考慮出售一支賺錢、績效良好的股票,感覺就像教你的狗撿東西,然後獎勵牠的方式竟然是把牠關在狗籠裡。但股票與寵物不同,它不會覺得感情被傷害,而

且你也不應該愛它,它就只是增加財富的工具。即使你決定賣掉這支股票,想從中賺取每一分錢(在最高點賣出),但你必須壓抑這種衝動。

銷售是一個情緒的過程,通常比購買時有更多情緒。在分析和持有一支股票一段時間後,你已經和它建立了感情。這段時間下來,你會和公司的經營團隊交談、聽取他們的演講和電話會議、研究公司的財務狀況、閱讀公司的新聞稿、建立預測公司未來盈利能力的模型等。

賣出就是旅程的結束,如果旅程成功(價格上漲),你就不希望旅程結束。

但是股票不是寵物。現在被高估的股票,一旦賣掉,在它又開始滿足你持有它的標準時可以再買回來。股票不知道你擁有它(這是華爾街的一句老話),它不會因為你賣掉它而對你懷恨在心。

以下是幾種可以幫助你處理賣出股票時感受到情緒的策略。

處理對股票的情感最簡單的方法,就是在遊戲開始之前就

CHAPTER 12
將進化論套用到流程

決定並知道遊戲將如何結束。可以說，你在買進時對一間公司的情緒比在賣出時還要少。在你持有股票期間產生的依附情緒還沒有來得及發展，在買進時設定一個賣出價（例如，以75美元的價格賣出），或者更好的是，設定要賣出的估值（例如，當這支股票的本益比為14倍或股價淨值比為1.5時，我就會賣出），並在股票達到賣出目標時嚴格遵循，應該有助於你擺脫情緒（假設股票的風險／報酬沒有顯著變化）。

當一支股票達到預定的賣出目標時，賣出決定應該是自動化的，因此並不涉及情緒，就像耐吉（Nike）的標語：「做就對了！」（Just do it!）你應該假設股票已反映公平價值，接下來則是要設法證明到底該不該保留在投資組合中，而不是設法證明應該賣出。應該假設在買進時設定的價格或估值目標是合理的，並且具有較低的情感成分，因此在「賣還是不賣」的決定中，重要性比較高。

對於我的投資組合和觀察名單上的每間公司，我都會確定並寫下買進、公平價值和賣出時的本益比。

在盤整市場中賣出的困難可能會加劇，因為當其他人都在買入時，你通常會賣出。當一支股票達到預設的本益比賣出目標，而你很不想賣出時，我建議你再看一下圖2.2（如果你願

意，甚至可以把它裱框起來）。

在基本面惡化時賣出

除了鑽石之外，沒有什麼是恆久遠的，或至少是鑽石商戴比爾斯（DeBeers）讓我們這麼相信。保護公司業務免受競爭的鐵絲網，最終是會生鏽的。可持續的競爭優勢通常是有限的，因為公司需要不斷重塑自己以保持競爭力。有些公司比其他公司在維持優勢方面較為成功，然而一些仍然具有可持續競爭優勢的公司就是已經失去了成長性。

若從品質、估值和成長性的稜鏡來看待股票，「估值」通常是最不穩定的一項。估值主要由公司的股價變動所帶動的，而股價變動往往比基本面更不穩定，因此，「品質」和「成長性」項目通常比「估值」更穩定。雖然估值可能會發生變化，但基本面問題的發展通常需要更長的時間（數月或數年）。例外的情況包括意外事件，例如重要訴訟敗訴、專利無效、颶風或洪水破壞、產業的法規環境變化等。

CHAPTER 12
將進化論套用到流程

> 我不是真正的電影明星,我還是和28年前剛開始時的妻子在一起。
> ——威爾‧羅傑斯(Will Rogers,喜劇演員)

雖然這麼說聽起來會很奇怪,但我還是要說:和你的股票結婚,但要有婚前協議。

雖然和股票結婚——墜入愛河、無論好壞、無論生病還是健康都要留在它們身邊(不賣出)——在任何市場都是不明智的做法。但是在盤整市場中,這麼做很可能對你的投資組合造成致命的影響。在一個完美的世界裡,一個股票投資的天堂中,我們會購買一個持續成長的偉大公司的投資組合,股價會隨著獲利而平穩上漲,因而始終保持適當的安全邊際。公司的業務永遠不會改變,他們所經營產業的競爭結構也不會改變。而他們的管理團隊有超人類的能力,總是會做出明智的決定——這不是很好嗎?這樣的話,我們可以安全地和所有股票結婚,直到死亡將我們分開。可惜的是(也可能並不可惜),投資並不是烏托邦式的天堂。

在買股票時,你需要在頻繁地換對象(只因為一點小差錯

就賣出）和傳統意義上的婚姻（即永遠）之間取得平衡。我不想把投資和好萊塢明星僅維持幾周或幾個月的婚姻做比較，這樣會把投資說得太廉價。但我們應該從電影明星身上學到一個教訓：簽婚前協議。

買股票應該要抱持著永遠在一起的希望，但是也知道可能不會永遠在一起。

你的婚前協定條款要很明確：你要找出並密切追蹤構成公司基本業績資料的重要變數，例如營收成長、淨利潤率、資本報酬率或一些產業特定的變數。舉例來說，對於零售商來說，這些變數可能是同店銷售成長、庫存周轉率、每平方英尺營收、營業利潤率、失竊和變質造成的損失等。一旦這些變數不再符合你的預期時，就應該對股票進行「雙重祕密緩刑」（secret probation），看看是否有所改善，並應密切關注。如果這些變數在設定的時間範圍內（例如幾季）沒有改善，那麼就該離婚了，也就是該賣出股票了。

我們從電影《動物之家》（Animal House）學會的一件重要的事，那就是「雙重祕密緩刑」的重要性——挑出一支股票，並對其進行更高優先順序的放大鏡下分析。你應該在問題變嚴重之前採取積極主動的方法來出售股票，對基本面表現不佳的

CHAPTER 12
將進化論套用到流程

股票用嚴格的標準、更快賣掉,以及給公司解決問題的時間更短。在盤整市場中,使用嚴格標準的重要性是雙倍。

我並不主張設定每一季的盈餘目標,因為這可能根本是白費力氣。一季又一季達到當季預期或超過一分錢,並不一定表示公司的品質或卓越的基本面。創新的會計帳曾幫助許多公司績效看來不錯而且非常一致,後來卻發現其實是利用調整帳目的方式來實現他們每一季的奇蹟,或者更糟糕的是,根本是假帳目。

設定基本績效目標或終極目標。當公司不再實現這些目標時,就應該被判雙重祕密緩刑,你應該考慮重新審視你的假設,如果假設不正確,則根據修訂後的假設評估這間公司是否仍值得買入。一次失敗不會成為趨勢,所以雙重祕密緩刑可以當成優先排序的工具,讓你像老鷹派一樣緊盯著觀察的公司。與公司達到接近價格或估值目標,一旦一間公司進入你的雙重祕密緩刑名單,就不再以無罪推定,而是認為它有罪,除非證明它無罪!

與自己以前的決定脫鉤

從自己的環境中抽身而出,像陌生人一樣保持一定距離來

看待事物的罕見能力,這確實是一項寶貴的技能。1980年代中期一個著名例子是,英特爾在將記憶體晶圓商品化時,面臨來自日本的新競爭,而日本是英特爾當時的收入來源。這個新的發展使英特爾從1984年的1.98億美元降到1985年只剩下200萬美元。英特爾的執行長安迪・葛洛夫(Andy Grove)為這個困境苦惱了數周,正如他在著作《10倍速時代》(*Only the Paranoid Survive*,Doubleday Currency,1996)中所敘述的:

> 當我回頭去找葛登(英特爾創辦人葛登・摩爾)時,我望著窗外遠方旋轉的美國遊樂園摩天輪,我問他:「如果我們被踢出局,董事會找來一位新的執行長,你認為他會怎麼做?」葛登毫不猶豫地回答說:「他會讓我們脫離記憶體的業務。」我麻木地盯著他,然後說:「那我們何不走出去、回來,然後自己做呢?」

英特爾重新將精力集中在微處理器上,並成為世界上最賺錢的公司之一,2010年營業額超過400億美元,淨利超過100億美元。

從局外人的角度來看——「如果我們被踢出局,董事會換了一位新的執行長,你認為他會怎麼做?」——安迪・葛洛夫拋棄了多年的情感包袱——已經沉入過時的產品戰略中的財務

CHAPTER 12 將進化論套用到流程

和情感成本——做出了一個艱難但極為重要的決定。透過從局外人的角度來看問題,他能夠獲得清晰的視野;新任執行長不會有包袱,所以決策將是向前看,而不是向後看的。

這個例子在我們生活許多方面的決策中都很有用,而套用於投資的時候,尤其是在賣出時,這就特別有用。當我們想要賣出時,過去決策的包袱經常困擾著我們。賣出一支正在經歷基本面惡化的股票,迫使我們承認買入這支股票是一個錯誤。我們必須接受,並非我們做出的每一個決定都會成功,這就是投資的現實。用我的朋友陶德·哈里森(Todd Harrison)的話說:「如果沒有風險,那叫做勝利,而不是投資!」

在做出投資決策時,了解自己的行為極為重要。我之前說過,我現在還要再說一遍:畢竟,情緒是我們最大的投資敵人,因為情緒不會引導我們做出該做的事,而是正好相反。我們陷入的行為陷阱之一,就是以過去的決定來判斷當下的觀點。舉例來說,因為需要自我感覺良好,而經常導致我們根據過去的股價來做出買賣的決定。我們後來將賣出決定與買入價格連結——如果股票現在下跌,我們會抱住不賣,希望實現收支平衡,或是將注意力定在股票最近的高點或低點上。

我們來看看一個例子:一間公司傳來了壞消息,你甚至沒

有機會閱讀新聞稿，股價就開始下跌了。或是在類似的情況下，股票在沒有消息的情況下開始跌，自從你買入以來，它已經大幅下跌（與市場同步或單獨下跌），但你沒有賣出，因為你認為什麼都沒有改變。然後一則新的消息出現了──公司失去了一個重要的合約，或是競爭對手奪走了比你預期更大的市占率。你必須試著跳出那個情境，問自己一個問題：「如果一個新人要管理我的投資組合，那個人沒有買這支股票，他會怎麼做？」

這種態度應該讓你從過去的決定中解脫，讓你專注於現在和未來。你會怎麼做？假裝你沒有這支股票，然後對公司進行評估。如果你算出的公平價值高於今天的價格，你什麼都不做並繼續持有它；如果你發現，儘管價格下跌，但公司的公平價值仍處於今天的價格或是更低，你就會放下自尊並賣出股票。

CHAPTER 13

你沒有自己想的那麼蠢，聰明也是

在盤整市場中買賣股票的心理支持

長期盤整市場是由許多周期性牛市和熊市組成（提醒一下，請再看一次圖2.2）。儘管周期性的牛市和熊市可以提供很棒的買賣機會，但我們的情緒會試圖阻礙我們做出正確的決定。市場會不斷地試圖洗腦我們，讓我們做不應該做的事。希望本章能提供對此的解藥，因為本篇包含兩則訊息。請在周期性熊市期間閱讀第一篇，在周期性牛市期間閱讀第二篇。祝你好運！

你沒有自己想的那麼蠢（周期性熊市的心理治療）

我最近一直有種揮之不去的感覺，我接觸的所有東西都會變得一文不值。每當我買入一支已經大幅下跌的股票時，我的分析讓我相信這支股票比泥土便宜，它就會跌得更多。我是否完全喪失了評估股票價值的能力？我是否開始無視威爾・羅傑斯的建議：買進上漲的股票，如果不漲就不要買？

不，我沒有變笨，而且我的選股技巧並沒有變差，我只是願意參與最近的周期性熊市而已。熊市讓你覺得自己比實際上還要笨，就像牛市會讓你覺得自己比實際上還要聰明。

感覺愚蠢會讓你做不該做的事。恐懼和痛苦──是的，持

CHAPTER 13
你沒有自己想的那麼蠢，聰明也是

續的損失會帶來很多痛苦——是危險的事情，因為這會讓你我感到驚慌失措、失去信心、做不應該做的事。為了減輕我們出售股票的痛苦，我們會做出反應，預設至今為止在熊市中唯一讓我們賺錢的資產——現金！當你找不到具有長期優越風險／報酬狀況的股票時，現金就是王道。然而在周期性熊市期間，現金會慢慢失去它的光環，因為好公司會和垃圾一起被拋棄。你必須主動提醒自己一個簡單的事：「明天！」是的，明天。就像音樂劇《安妮》（Annie）中的歌詞一樣。

當然，我們不知道「明天」真的就是明天還是5年後才會到來。但投資是一場馬拉松，而不是短跑——不要讓熊市把你變成短跑者。首先，提醒自己，你並不像投資組合讓你感覺的那樣愚蠢，你偶爾會買一支讓你賺錢的股票。這就是我所做的事：我拿出一張股票的線圖，這是我賺了一大筆錢的股票，或是我在下跌之前因為正當的理由賣出的股票。我很高興地這麼做，試圖重溫我聰明的日子。我們都有這樣的股票：我們賺錢的股票。在熊市的時候，我們通常會忘記這些股票，但我建議你現在記住它們，這樣當你感到孤獨和痛苦時，你就會記住更多這些名字，因為長期看來，現金不會帶來勝利的樂趣。周期性牛市仍然存在，它只是隱藏在周期性熊市的醜陋情緒之下。相信我，牛市會露出快樂的臉。這只是時間問題。

在熊市中，人們很容易忘記買入，賣出是一個更容易做出的決定。每次你買股票時，看起來都會很愚蠢，因為通常會在買進之後就下跌。我最近買了幾支非常便宜的股票，當然，這些股票都下跌了。現在我覺得這些買進決定並不聰明，但是不久前，我分析了這些公司、搞清楚它們的價值、確定了適當的安全邊際，並得到了我的買入價格。股票下跌，但基本面沒有改變，所以我買了股票。

你不必擔心在是不是每次都買在底部，我的目標不是摸頭探底。沒錯，我的目標是在價格便宜的時候買下一間很棒的公司，在價值合理的時候賣掉它，我建議你也這樣做。威爾‧羅傑斯的建議很棒，但不幸的是，我還沒遇過有哪個人知道該如何在現實生活中應用這個建議。沒錯，熊市讓你覺得自己很蠢，但你沒那麼蠢。

你沒自己想的那麼聰明（周期性牛市的心理治療）

最近，我一直有一種強烈的感覺，好像我有點石成金的能力——每次我買股票，它就會上漲。我終於搞清楚股市這個遊戲了嗎？我找到了應用威爾‧羅傑斯建議的祕訣嗎？

CHAPTER 13
你沒有自己想的那麼蠢，聰明也是

並不是，我並沒有變得更聰明，而且我的選股技巧在過去一年來也沒有多大的提升。我只是參與了最近的周期性牛市，牛市讓你覺得自己比實際上更聰明，就像熊市讓你感覺更變蠢了一樣。感覺聰明會讓你做與你不該做的事。點石成金的快感是一件危險的事情，因為它會讓我們變得粗心。我們會忘記了風險，因為我們已經有一段時間沒有看到它了，我們只關注報酬。你必須主動提醒自己一個簡單的詞：風險！

你該怎麼做呢？我最喜歡的方式是提醒自己有多笨。我拿出讓我損失了一大筆錢的公司的年報，然後試圖從頭到尾讀一遍，自虐似地重溫我有多愚蠢。

我們都有令自己虧損很多錢的股票，虧損是因為我們過於自信。在牛市階段，我們往往會忘記它們。但我建議你現在記住它們，這樣你將來要記住的名字就會更少。風險仍然存在，它只是隱藏在牛市的喜悅情緒背後。相信我，它會露出醜陋的嘴臉，這只是時間問題。

在牛市中，很容易忘記賣出的紀律，然後就變成「買進後忘記賣出」的投資人。每次你賣出一支股票，你會看起來很愚蠢，因為它通常會在賣出之後就上漲。我最近以公平價值出售了一堆股票，結果這些股票完全無視我的行為，反而上漲了。

我的這些決定並不明智,但是當我買入股票時,我設定了要賣出的本益比,當股票接近這個價值時,我迅速檢視了公司的基本面,並沒有太大的變化,所以我就賣掉了。

你不必擔心在每次都賣在高點,我的目標不是摸頭探底。沒錯,我的目標是在便宜的時候買進一間很棒的公司,在股票評價合理的時候賣掉它!我建議你也這麼做。

CHAPTER 14

股海尋寶

一旦賣出後,你該買進什麼?

嚴格的賣出紀律將增加投資組合的周轉率，用新股票替換即將被賣出的股票將成為當務之急，這就需要持續的新想法發現過程。以下是有關如何尋找新股票的一些建議。

繪製市場地圖

通常會吸引逆向投資人的類股，是那些沒有創下歷史新高，反而是不斷朝著數周、1個月或1年低點深淵前進的類股。有一個簡單的方法可以找出市場整批拋售哪些股票並改投向另一批股票，那就是查看ETF。

ETF提供一種優雅而簡單的方法來繪製全球市場地圖，因為這些以各種可以想像的方式和一些以前無法想像的方式來區分市場——按產業區分：股票特質（市值、本益比、股利殖利率）、投資風格（價值型、成長型）、資產類別（股票、債券、黃金、石油、貨幣）、執行長的身高和體重（我承認這一項是我亂掰的）——以各種可能的方式涵蓋全球。

定期查看ETF的績效表現，能提供一份快速但有用的全球情報報告，說明市場的不同領域正在做什麼，幫助你選擇性地將精力用在你想要尋找的地方，並讓你能夠將時間花在更有機會的地方。

CHAPTER 14 股海尋寶

使用篩選標準

股票篩選之於價值投資,就像蘋果派之於美國一樣。股票有多便宜是可以量化的,所以價值投資人可以篩選。我將提供一些我最喜歡的篩選條件。所有這些都可以用你自己的條件來補充,透過提高債務比率、股利殖利率、資本報酬率門檻,或任何其他可以幫助你找到適合你方法的公司。

「超越大盤的獲利公式」篩選條件:是在喬爾・葛林布萊特在《超越大盤的獲利公式:葛林布萊特的神奇法則》(*The Little Book That Beats the Market*)一書中介紹的篩選條件。在這個股票篩選標準中,公司按照本益比(本益比愈低,得分就愈低)和股東權益報酬率(ROE愈高,得分就愈低)進行排名,然後將分數相加。名單上排名較高的候選股票——得分最低的股票——就是你最新和最偉大的想法。這個簡單但極佳的公式,自1980年代以來一直打敗市場。

「低價/任何東西」篩選條件:這些是最受歡迎的篩選條件,你只需要從中尋找便宜的股票就可以了;得分愈低愈好。以下是我想到的一些項目:本益比、價格與現金流、價格市值、價格/EBITDA比(譯注:EBITDA為息前稅前折舊攤銷前利潤)、價格股利比,以及價格營收比;「任何東西」這個

項目可以是任何東西。你可以透過計算公司的企業價值（市值減去現金加債務）來調整價格。

「觸底」篩選條件：這個篩選條件是指正在觸及數周、數月或數年低點的股票。

「低價／正常化的任何東西」篩選條件：低價除以任何東西，可能會讓你錯過短期遭遇打擊，或是正在經濟周期不對的一方，或者只是有一筆會計費用比較大而已的股票。例如，公司的盈餘或現金流將低於正常水準，股票將跌破「價格／任何東西」篩選條件，因為本益比或股價現金流比會過大。要使用「本益比」篩選條件，你計算本益比時不應該以當期收益為基準，而是應該透過3年到5年的平均淨利潤率，並將數字套用於當期營收或同一時期的平均營收。

「淨值」篩選條件：這是典型的班傑明‧葛拉漢的篩選條件，你試著買進最接近目前淨資產價值的個股；或最好是低於目前淨資產價值（目前資產減去所有負債，包括負債和優先股）；或是你可以尋找股價接近淨現金的個股（現金包括短期投資減去所有付息債務）。

「分析師情緒」篩選條件：股價受到華爾街分析師建議的

CHAPTER 14
股海尋寶

影響。一支股票通常會因為分析師建議的改變,從買入到賣出,持有到買入等,而上漲或下跌幾個百分點。一支股票如果每一則壞消息都已反映在價格上,通常會有很多分析師會建議賣出。

篩選分析師情緒的方法不止一種。你可以計算建議「賣出」和「持有」占建議總數的百分比,然後篩選或排序以找到最高百分比。舉例來說,如果一支股票有7個賣方分析師建議「賣出」、兩個「持有」和一個「買進」,你可以解釋為70%的分析師建議賣出(10人之中有7人建議賣出),或是90%的分析師不是建議「買進」(10人之中,有7人「賣出」和2個「持有」)。「持有」建議通常是較弱的「賣出」建議,這讓分析師告訴投資人不要買進某一支股票,但同時讓他不會被那間公司列為「我們討厭那個忘恩負義的分析師」名單中。

借貸

> 好的作家會借用其他作家的話,了不起的作家會直接偷其他作家的話。
> ——山姆・希朋(Sam Seaborn),
> 影集《白宮風雲》(*The West Wing*)中的角色

我們大多數人心目中都有一些價值投資人，我們佩服他們的投資方法，如果你沒有，現在就該開始列出這些投資人名單，並開始留意他們的持股。唯一的問題是，這些必須是管理超過1億美元的人。

1億美元的要求並不是因為我認為任何投資低於1億美元的人都不應該被模仿，而是因為美國證券交易委員會（SEC）的規定，要求管理超過1億美元的機構（非共同基金）投資人每季揭露其持有的股票；這樣就可以注意他們的持股情況。

美國證券交易委員會網站雖然多年來有所改善，但在尋找所需的財務檔時，這仍然像個迷宮一樣。我一直在使用GuruFocus.com來搜尋機構投資人的最新持股，這個網站既好用又容易尋找。

看看其他價值投資經理人的持股，其實只是另一個篩選條件，可以找到傳統篩選條件無法看到的好機會。這可以是研究過程的開始，但不是結束。你還是要做自己的研究，如果你自己有某個想法，你會進行同樣的研究。如果你盲目地借用想法而不做自己的研究，那麼當事情沒有按照你的計劃進行時（例如股票下跌或基本面惡化，或兩者同時發生），你就會不知道該怎麼做。

CHAPTER 14
股海尋寶

　　請注意，我建議注意「我們欽佩而且能理解的投資方法」的投資人持股，我不建議你追隨那些過往績效良好的投資人。我會這麼說的原因有幾個：首先，他們的績效可能只是隨機現象──他們承擔很大的風險，結果運氣很好，光是看過往績效紀錄並不夠。第二，即使他們的成功是因為有出色的選股程序，但這個程序也可能不適合你，我們應該要願意向他人學習，但最後還是必須有自己的風格。

CHAPTER 15
向幸運的無知告別

全球化時代不能把頭埋在沙子裡

積極型價值投資：
突破盤整市場的終極投資法

1980和1990年代，無知是一種福氣。當時全球的經濟成長快速，所以分析或甚至注意市場周期，似乎是在浪費時間，因為當時的經濟只有三種狀況：好、很好、非常好。就算你誤判了狀況，就只是少賺一點而已。價值投資人最自豪的就是只採用由下而上的分析（只專注於分析和評估各股的價值），但由上而下的分析（只研究總體經濟大局的投資決策）變得不流行了，因為這被認為是預測市場時機。

長期且幾乎不間斷的成長帶來了自滿、過度和債務。只採用由下而上的分析有效，直到後來失效，因為投資人在最近的危機期間發現，全球經濟可能還有其他的狀況：不佳、很差和一敗塗地。到了現在，誤判經濟狀況的代價要高得多。（我知道上面的說法可能聽起來有點誇張，但多年來我讀過和聽過數十位著名成功投資人的採訪，他們宣稱只做由下而上的分析，而不去留意經濟狀況。）

當我們買股票時，我們買的是未來的現金流。透過由下而上的分析，投資人就是假設外部因素（全球經濟的風和颶風）對這些現金流沒有影響。這是一個勇敢而粗心的假設，我建議進行360度（也可以說是從頭到腳）的分析——將由下而上的分析以及由上而下分析所獲得的見解結合。

CHAPTER 15
向幸運的無知告別

我說的不只是經濟，我說的是全球經濟。正如我們在最近的金融危機中痛苦地發現，我們的全國和全球經濟比以往任何時候都更加相連。因此，本章中我們不只會聚焦美國，還要研究世界第二和第三大經濟體，中國和日本正在發生的情況。

為了理解未來，我們需要非常簡短地回顧過去。在大蕭條之前的數十年裡，消費者債務與GDP的比率穩定上升，從1980年代初的50%上升到1990年代後期的70%。接著發生的是房地產繁榮——在房價上漲和低利率的情況下，消費者借貸飆升。在不到10年的時間，消費者債務占GDP的比例從70%左右上升到超過100%——這是非常大的增幅，因為在1980年代和1990年代，消費者債務花了20年時間就從50%升至70%。

☀ 錯誤的公理和後果

接著我要介紹一個概念——錯誤的公理。公理是一個未經證明，但被認為是不言而喻所以不需要證明的事。任何依賴於外推數據的錯誤公理都只是一種信念或假設，過了一段時間後可能會被證明是錯誤的。美國有一個錯誤的公理，那就是全國的房地產價格永遠不會下跌——而50多年來明確的資料支撐著這個所謂的錯誤的公理。這種相當顯著的情況持續了很長時間，以至於所有市場參與者都相信它，從聯準會到銀行和信貸

機構，每個人都認為這是一個公理；但這是一個錯誤的公理，人們因為對它的信仰導致過度建設、過度的生產力和過高的負債。

當大衰退來了，屋主、聯準會和銀行全都大吃一驚——所有人都發現房價並不會一直上漲，也可能下跌。我們經濟命脈的金融部門開始淹沒在壞帳的海洋中。突然之間，數十年來一直在高唱獨立於政府監管的讚美詩的金融業，開始乞求政府介入並紓困它。隨著金融業的麻煩開始蔓延到實體經濟中，政府覺得別無選擇，於是開始了紓困和振興措施。

現在，在美國的經濟中漫步，很難不見到我們友好的山姆大叔；他無所不在。他正在買進長期債券，因此將長期利率以人為的方式保持在低檔。自從他接管了（從所有實際面來說）已失能的房利美和房地美以來，他自己就是美國抵押貸款市場。當然，我們親愛的山姆大叔也為他們的損失陷入苦苦掙扎。

銀行雖然不會在公開場合承認這一點，但從山姆大叔的干預中受益匪淺，因為他透過銀行向經濟注入刺激的血脈。此外，他對房地產市場的參與幫助銀行產生了巨額費用，支撐了房價，並降低了銀行的抵押貸款損失。但是不只如此，因為銀

CHAPTER 15
向幸運的無知告別

行的獲利能力也因接近零的短期利率而得到提升（以犧牲存戶為代價），使銀行能夠賺取良好的利率差。

我們親愛的山姆大叔非常瀟灑，他不知道如何廉價地紓困或振興；沒錯，美國政府債務（至少是資產負債表上出現的那部分債務）從大蕭條前占GDP的60%左右躍升至2010年的超過100%，過度舉債的消費狂歡派對如今已被過度舉債的政府砸場破壞。如果想要理解大蕭條的後果，可以參考這個比喻：美國經濟就像一個馬拉松運動員，他跑得太用力而受了傷，但是還有另一場比賽要跑，所以他被注射了一些高級的類固醇，然後他就可以繼續跑了。有了類固醇的助陣，他的步伐加快了，彷彿從未受過傷一樣。他已經站起來了，所以一定沒事——這就是我們從他的速度和進度所得到的印象。我們沒有看到的是，這位運動員出色表現的背後是什麼在支撐他：類固醇。以我們的經濟來說，政府的振興措施就像比喻中的類固醇。

當然，我們可以祈禱跑者的傷已經恢復了，希望我們所看到的就是真相——運動員處於比賽的巔峰狀態——但這種想法是有問題的。我們來逐一看看是什麼問題。

攝取過多的類固醇，誇大了運動員真正的實力。振興措施創造了穩定和成長的假象，但其中很多是在政府干預這個非常

薄弱的基礎上搖搖欲墜的。（想一想，如果政府結束紓困，銀行和房地產市場會發生什麼事。）

類固醇會使人上癮；一旦習慣了類固醇的作用，就會很難放棄。當第一批購屋免稅額到期時，任何當初買屋的人就會感受到痛苦。振興措施很難放棄，因為立即的後果實在太痛苦了，但長期的獲益必須用短期的痛苦來交換。

當我們服用類固醇的時間愈長，效果就會愈差。正如我們將在後面幾頁中討論到，日本10多年來一直處於振興措施中，這麼做除了使得政府債務增加2倍之外，日本沒有什麼可示人的成果——經濟深陷振興措施馬拉松開始時的困境。

最後，類固醇會損害運動員的身體，振興措施會帶來明顯的副作用——更高的未來稅收和政府的債務增加，這會導致利率上升，進而導致經濟成長低於平均水準。幫助推動經濟成長的債務增加，這個利多因素變成了逆風，因為消費者和最終政府去槓桿化，降低了經濟成長的額外優點。

我們對於經濟從政府能由注射類固醇的狀態逐漸恢復到獨立運作，抱持過於樂觀的希望；經濟中有太多的振興措施和太多的債務，所以這是不可能的。

CHAPTER 15
向幸運的無知告別

日本：走上不歸路

我從沒想過我會把美國的情況和日本過去20年來發生的事情相提並論，但是隨著每一次新的振興措施和國債的逐步增加，我們就變得愈來愈像日本。不幸的是，正如你所看到的，對日本來說，它已走上了不歸路——日本從通貨緊縮變成惡性通貨膨脹。就目前而言，美國還是有機會可以避免走上和日本相同的命運。

日本的經濟命運是一隻「灰天鵝」。* 從沒聽說過灰天鵝嗎？它是黑天鵝的一個近親，灰天鵝代表一個罕見、重大而且不可預測的事件。然而，日本正在發生的事情雖然罕見而且重大，但是卻是可以預測的；我們不知道什麼時候會發生，但我們知道它一定會發生。

* 納西姆．塔雷伯是我最喜歡的思想家之一，他在著作《隨機騙局》和《黑天鵝效應》中，將黑天鵝和灰天鵝描繪得栩栩如生。

日本目前危機的前奏發生於1990年代初期，當時房市和股市泡沫破滅，日本經濟陷入衰退。在接下來的20年，政府每年都推出一些好聽的措施，例如「財政結構改革法案」、「緊急

就業措施」和「經濟重生政策措施」，透過減稅、增加支出和借貸，以融資政府支出。政府曾經有一、兩次找到了財政信仰並增稅，但是因為經濟停滯不前於是只好再次減稅，振興措施的故事又寫下了令人遺憾的篇章。

到了現在，振興措施連續20年後，日本經濟仍受到20年前的問題所困擾，債務與GDP比超過200%，是美國和德國的2倍，僅次於辛巴威。

一個債務膨脹的國家需要有不斷擴張的經濟，以協助國家擺脫債務負擔。經濟成長是由兩個因素推動的：生產力和人口成長。雖然日本經濟可能會持續因生產力而獲益，但人口成長則並非如此。

日本是已開發國家中，人口老化最嚴重的國家之一。日本每4個人之中就有1人超過65歲，而且日本的人口正在減少。由於文化習俗，勞工的報酬不是根據工作表現，而是根據在公司的年資而定，所以現在年輕人較晚結婚，而且生的孩子也比較少了。這部分解釋了為什麼日本的出生率是世界上最低的國家之一，每名婦女只生育1.2個孩子（國家為了維持一定的人口，1名女性平均需要生育2.1個孩子──2個孩子在這個世界上分別取代她和丈夫／伴侶，而0.1個孩子則是預防有些人在生育

CHAPTER 15
向幸運的無知告別

前死亡）。

　　美國因為有移民而使人口不斷成長，但是與美國不同的是，日本的移民人數很少。儘管其債務正在膨脹，但GDP不太可能成長（比較可能下降），因此債務與GDP比和人均債務只會上升。儘管債務在過去20年中增加了2倍，但日本政府用於支付利息的支出沒有改變；事實上，在2000年代中期甚至略有下降，這是因為政府債務的平均支付利率從1990年代的超過6%降到2009年的1.4%。這種情況即將改變。從歷史上來看，由日本政府發行的公債，超過90%是由其公民直接或透過退休基金買走的。在1990年代，儲蓄率非常高，將近15%。然而，當人們逐漸進入退休年齡，開始領取他們的儲蓄和養老金後，儲蓄率便開始下降。今天，日本的儲蓄率正在接近零，而且在不久的將來可能會變成負的。

　　日本經濟的運作是根據一個錯誤的公理，那就是以為政府總是能夠以低利率借款。20年的資料支持這個錯誤的公理，但繼續依賴這個錯誤的公理，最後會導致違反這個錯誤的公理。隨著國內對債務的需求消失──這種情況已經發生──發行新的債務以及／或是取代到期的債務，日本存戶將不會繼續購買公債。日本政府將不得不開始在日本境外兜售債務，但是外國的利率要比日本高得多。日本10年期公債收益率，是相同期限

的美國或德國公債的一半，因此日本公債在國際市場根本沒有機會。日本將不得不提供遠高於美國和德國的利率，儘管美國和德國有自己的問題，但兩國的債務水準仍然要低得多，人口成長的狀況也比日本好得多。

刺激性的低利率政策，使日本陷入了債務陷阱。它負擔不起較高的利率，而低利率對經濟的刺激已不再有用。情況還不只如此：2009年，日本超過1/4的稅收用於支付利息；如果他們的利息支出增加1倍（如果平均借貸利率從1.4%上升到2.8%），債務成本的增加將相當於日本教育、科學和國防開支預算的總和。更高的利率可能會引發債務評等下調，這只會推高借貸成本。

> 透過持續的通貨膨脹過程，政府可以祕密地沒收其公民財富的重要組成部分，且不會被發現。
> ——凱因斯

毫無疑問，接下來更高的稅收和緊縮措施，加上更高的利率，將進一步減緩經濟，並導致日本無法償債。與將貨幣社會化且無法自行印鈔的歐洲國家不同，日本對自己的印鈔機擁有完全的控制權。此外，與希臘不同的是，希臘的國土並不大，

CHAPTER 15
向幸運的無知告別

可以得到德國和其他國家的紓困,而且國際貨幣基金也很願意幫一點忙,但是日本太大了,沒有辦法紓困。讓債務違約,尤其是當大部分的公債是由自己的公民所持有時,這在政治上是不可能的。這就是能控制其貨幣的政府不會違約的原因,他們會繼續印鈔票。而且日本也會這麼做!幾十年的通貨緊縮將變成惡性通膨,這將摧毀公民儲蓄的購買力,並最終使日圓崩跌。

日本緩慢但肯定正在發生的結果,對美國投資人來說很重要,因為這些後果不會只待在日本內部,而是會蔓延到美國和世界其他地方。日本是美國公債的第二大外國持有者,而且他們對美國的高評等債券的需求將下降。最有可能的是,日本將會拋售美國公債;更糟糕的是,日本會開始與美國競爭,不只是在汽車和電子產品,而且在爭取主權政府公債的買方也會和我們競爭。日本將輸出通貨膨脹,全球通貨膨脹將上升,利率也將上升。

中國:最大的灰天鵝

當然,日本不是美國唯一的公債主要持有者,同樣擁有這個地位的還有中國。中國因為成為龐大的灰天鵝,而在2010年時打敗日本的世界第二大經濟體的頭銜。

西方人羨慕地看著中國，它做什麼事都不會錯。10年來，中國經濟以10%的速度成長，沒有出現過任何差錯。在全球金融危機期間，在世界經濟萎縮的同時，中國的成長放緩，但仍然以5%左右的速度成長。中國的「儒家資本主義」——威權政權和自由市場經濟的混合體，與政府控制的經濟交織在一起，並且有龐大的13億人口來放大其規模——似乎優於我們敏感、普世可見的民主和資本主義。但不必急著放棄我們的政治和經濟體系，因為中國的情況沒有外表看來那麼好。

若要理解中國經濟，需要將我們的分析分為3個不同的時期：2008年之前的10年、全球金融危機的時期，以及從金融危機結束到2010年的時期。

將時間倒轉，回到1990年代後期，當時，中國政府選擇了不惜一切代價的成長政策。在經濟繁榮時期，許多農民搬到城市尋找較高薪的工作。由於中國缺乏已開發國家的社會安全網，失業者不僅因失業而感到不便，還會挨餓；饑餓的人不會抱怨，他們會製造暴亂並引起政治動盪。

在電影《捍衛戰警》（*Speed*）中，如果基努・李維（Keanu Reeves）沒有將公車保持在時速50英里以上，炸彈就會爆炸。而中國就像一輛載有14億人口的公車，中國共產黨就是駕

CHAPTER 15 向幸運的無知告別

駛——如果經濟不能維持高速成長,結果將會是災難一場。一旦你從這個角度來看中國經濟正在發生的事情,其領導人的決定就會變得很合理,或者至少是變得可以理解。

為了實現高成長性,中國人為地將人民幣兌美元匯率保持在低水準——這有助於本來就已經很廉價的中國製造商品,比全球的競爭對手更便宜的價格。因此,中國成為了重要的出口國,出口產品至已開發經濟體。

通常,在自由市場經濟力量的作用下,人民幣會升值,美元就會貶值。然而,如果中國讓人民幣升值,出口的產品就會變得更昂貴,對中國產品的需求就會下降,中國經濟也不會以每年10%的速度成長。此外,中國持有價值近1兆美元的美國公債,因此人民幣兌美元升值將會壓低中國持有的美元準備金的價值。中國向美國出售的商品愈多,中國所累積的美元就愈多,購買的美國公債就愈多,進而壓低了我們的利率。

然而,長期以極高速度成長的公司和國家,無可避免地會遭遇後期成長肥胖症的困擾——效率不彰是長期高成長率的副產品。雖然中國過去的成長率很高,但在後期階段,成長的品質一直很低。

在金融危機期間，中國的出口下降了逾25%，鐵路運輸的貨物噸位下降了兩位數，電力消耗也如自由落體般下降。然而根據中國政府的說法，中國奇蹟般地將GDP成長維持在個位數中間。你比較相信誰？中國政府公布的資料還是常識性的硬數據？中國政府不遺餘力地維持其形象，包括審查媒體和監禁那些撰寫反政府文章的人，以保持其意識形態的延續。正如獨立的非政府統計數據所顯示，中國政府的經濟成長數據造假，和全球界其他地方一樣，中國經濟也在金融危機期間萎縮。

時間快轉到2010年。美國和歐洲是中國製造商品的消費者，過去槓桿過高，現在正在去槓桿化，失業率居高不下，銀行有宗教信仰、不放貸，反正對貸款的需求也不大（除了美國政府之外）。你可能會認為中國經濟會以較低的速度成長，但是並非如此，中國正在像金融危機從未發生過的那樣成長——經濟成長率再次接近10%。

儘管這種成長似乎是真實的——電力使用量有所回升——但這不是可持續的成長，因為這是前所未有的振興方案，以及政府對經濟的大量參與所帶動的。

在金融危機期間，2008年底時，北京對中國經濟挹注5,680億美元（占GDP的14%）的振興措施。這是非常高的金

CHAPTER 15
向幸運的無知告別

額!故事後來還變得更加有趣。西方民主國家的中央銀行可以向金融體系挹注大量資金,但不能強迫銀行放款或強迫消費者和企業消費;而與西方民主國家不同的是,中國可以用閃電般的速度實現這兩點。政府控制著銀行,因此可以讓銀行放貸,可以強迫國有企業(占經濟的1/3)借貸和消費。此外,由於法治、人權和財產權在中國的經濟和政治體系中處於萌芽階段,中國可以非常迅速地花錢大興土木以進行基礎建設。

政府在分配大量資本方面的能力很糟,尤其是在中國以這種速度進行。政治決策(由充分就業目標驅動)經常是不經濟的,腐敗和任人唯親行為所產生的專案會破壞價值。

如果目標是維持就業,那麼基礎建設和房地產專案是資金效益最大的地方,因為這兩者需要大量非熟練的勞動力,過去中國就花了很多錢在這兩個方面。龐大的振興措施,使得在金融危機爆發前就已經存在的問題變得更大。

中國的水泥閒置產能大於美國、日本和印度的總消費量。此外,根據支點資本管理(Pivot Capital Management)的資料(〈中國的投資熱潮:向未知大躍進〉),中國閒置的鋼鐵產量也大於日本和韓國的生產力總和。許多其他工業商品也有著同樣令人深感不安的統計數據。

積極型價值投資：
突破盤整市場的終極投資法

　　2010年1月時，以盡職調查著稱的賣空者吉姆・查諾斯（Jim Chanos）在CNBC的財經論壇節目《Squawk Box》發表了一個有趣的觀察：「目前有300億平方英尺的中國房地產正在建設中，相當於中國每一個人，包括男人、女人和孩子，都有55個辦公隔間可以使用。」中國的錯誤公理是──經濟將永遠保持強勁成長。這也解釋了為什麼即使相鄰的摩天大樓仍然空置，他們仍然繼續建造摩天大樓。我們必須記住，經濟泡沫通常只是一件好事做過頭了。沒錯，中國正抱著一個巨大的泡沫。

罪與罰

　　總而言之，就全球經濟來說，我們面臨著兩類問題：第一，我們的總體環境充斥著灰天鵝；第二，許多美國和外國公司過去的盈餘成長是以犧牲未來作為代價，而那個未來就是現在。

　　中國的經濟成長是推動全球經濟走出大衰退非常重要的力量；然而，建立在大規模強制貸款基礎上的成長，既不可持續也很危險。隨著中國經濟成長放緩，中國將從全球經濟這艘帆船的風轉而變成拖慢經濟的錨。身為投資人，為了評估未來，我們要觀察過去──我們研究公司的獲利率和過去的營收成

CHAPTER 15
向幸運的無知告別

長，以及過去幾十年的經濟關係和狀況。但今天的我們正處在一個有趣的轉折點上；過去許多產業的成功是以犧牲未來的成長為代價。我們應該問的問題是——在順風變成逆風之後，公司真正的盈餘能力會是什麼？

謹慎的做法是盡量減少對過去10年流行的周期性產業（例如大宗商品、材料、工業）的股票曝險。我們應該提高這些股票所需的安全邊際，以彌補「E」（盈餘）的不確定性。大宗商品需求的下降，將不成比例地影響大宗商品出口國（例如加拿大、俄羅斯、巴西、澳洲、中東），這些國家是過去需求的主要受益者。如果你的投資組合在這些國家有曝險，你就會間接接觸到中國的灰天鵝。

這一點很重要，所以我要再強調一遍：在我們的股票估值中，我們需要提高所需的安全邊際，以補償盤整市場造成我們的本益比壓縮，以及全球經濟中所有巨大灰天鵝造成的「E」（盈餘）不確定性。

由傑洛米．格蘭森（Jeremy Grantham）經營且非常受人尊敬的投資公司GMO，曾進行一項研究，發現在經濟成長疲軟、負成長，及不確定性的時期，高品質公司的表現遠高於低品質的公司。我在第5章中定義過什麼是優質公司，但對於當

今非常不確定的經濟環境，這個定義需要進一步澄清。由於通貨膨脹和通貨緊縮都是未來可能出現的情況，因此要應對其中任何一種情況，你必須擁有能夠在通貨膨脹期間提高價格的公司，並且至少在通貨緊縮的情況下保持價格。他們還需要擁有穩健、無債務的資產負債表。

在長期通貨緊縮期間，如果一間公司背負著大量不可贖回的債務，這是一種固定成本，公司就會受到影響——收入下降，但固定成本不會下降。當營收成長速度高於固定成本時，對資產負債表負債累累的公司來說，通貨膨脹就是它的朋友。此外，日本和中國對美國公債的胃口下降將推高我們的利率，無論有沒有通貨膨脹，利率升高都有可能發生，這將對那些幾乎沒有債務進行再融資的公司產生較小的負面影響。我選擇保守的資產負債表，即使這表示在通貨膨脹的情況下我會賺更少的錢，我也要這麼做。

這種黯淡的總體經濟大局如何影響盤整市場？盤整市場是兩股力量之間的拉鋸戰：盈餘成長和本益比壓縮。未來10年，全球和美國的成長將低於我們過去幾十年所經歷的，只要盈餘持續成長，即使成長速度比過去慢（假設2%至3%，先前為5%至6%），那麼市場可能就會繼續盤整，但可能會拖得更久。然而，如果未來10年美國經濟未能實現盈餘成長，那麼本益比壓

CHAPTER 15
向幸運的無知告別

縮將贏得這場拉鋸戰,我們的膽小獅市場就會變成熊市。

在2000年代初期,我的公司(Investment Management Associates, Inc.)擁有市政債券保險公司(MBIA)的股票。市政債券保險公司有一個非常棒的商業模式:公司向市政當局收取保險費,為他們的債券投保,市府很少違約,所以市政債券保險公司會賺錢。然而,市政債券市場不再成長,但市政債券保險公司希望成長,公司開始為其他更複雜(而且風險似乎更高)的債券提供保險。我在市政債券保險公司的合夥人麥克‧康恩認為這項新業務的風險高出許多,於是我們賣掉了持股。

長達將近7年的時間,這個決定看來似乎是錯誤的,因為市政債券保險公司一直在賺錢,而麥克擔心的那些風險並沒有發生。結果2008年時,房地產市場下滑,市政債券保險公司承保的奇怪抵押債券就崩盤了,公司陷入必須賠償債券投資人的窘境(就這一點來說,市政債券保險公司的所有麻煩都不是市政債券投資組合。但是市政債券保險公司沒有足夠的準備金來支付理賠金,結果公司的股票就崩跌了)。

希望和自欺欺人不是一種策略,至少不是一個成功的策略。在分析股票或經濟體時,我們要盡可能接近真相。但這還不夠,我們還需要有心智上的才能和毅力來根據我們的發現採

取行動，無論這多麼麻煩或令人震驚。投資是一場機率遊戲——即使是可能發生的事件也並非有100%的確定性。此外，只是因為風險尚未實現並不表示將來不會露出醜陋的面孔。是的，市政債券保險公司過了7年才出事。當我們賣出公司股票後，當股票價何上漲時，麥克和我都不擔心；當公司股價暴跌時，我們也沒有慶祝。我們當時已經開始做別的事了。

讀完這一章後，你可能會想要稱呼我為「末日博士」。我沒有博士學位，所以我只能被稱為末日「先生」——但這麼說也不正確。我想到巴菲特曾講過一個笑話：

一個病人聽醫生說他得了癌症後對醫生說：「醫生，我沒有錢動手術，但我能付錢給你修改一下X光片嗎？」

我們應該注意風險。風險通常看起來像灰天鵝，我們必須不斷問自己——在我們的投資組合中，我們可以做些什麼來避免風險（或是如何從中受益）？必須接受一個事實，那就是我們永遠不會把握好時機，但當灰天鵝來臨時，我們會因為先前的耐心和避險行為而獲得豐厚的回報。應該叫我「務實主義者先生」才對。

CHAPTER 16

用不同方式思考

不同的風險與分散方式

你可以把有關風險和多樣化的學術論文回收，以拯救一大片森林。這些概念在學術界被灌輸到學生的腦海中，但實際的應用通常被充斥著希臘符號的冗長公式所破壞。我一直記住這一點，並從實務參與者的角度寫下這一章。

管理風險：學校沒有教我的事

處理風險的一種方法是從波動性的觀點：股票價格下跌或報酬低於預期。另一個學派來自巴菲特和班傑明・葛拉漢——這一派的想法將風險視為資本的永久性損失。這些定義是否相互衝突？事實介於兩者之間。

風險對我們來說是什麼，要視我們的時間範圍而定。如果你要進行的是長期投資（至少五年），那麼永久性的資本損失是你最應該注意的風險。這裡的區別在於，如果你的時間是長期，那麼波動性就只是不太方便而已（而且通常是一個機會，特別是在盤整的市場中）。假設波動本質上是暫時的，只要有足夠的時間，投資就會恢復到原來的水準。

如果你的期間是短期，對你來說，波動就不是暫時的。即使是暫時的股票下跌也會導致永久性的資本損失，因為你沒有時間等待它回升。對於長期投資人來說，永久性的資本損失是

CHAPTER 16 用不同方式思考

一個真正的風險,因為時間不會解決這個問題。本書是為長期投資人所寫的,因此我們將風險視為資本的永久性損失。

波動性還有另一個重要但不太明顯的問題:波動性會影響我們的情緒,讓我們做錯事——買高賣低。對於一個非常理性的、像電腦一樣的決策者來說,這並不是問題;但我們不是電腦,因此,你不應該忽視波動的情緒因素。透過多元分散做出合理的嘗試,盡量減少對投資組合的影響,以及/或是持有你了解其業務的股票,這樣你才會對股票的價格波動感到安心。

了解過去對於能夠預測未來極為重要,但過去只提供了可能發生狀況的其中一個版本(但是很明確),確定其他過去可能發生的事。「贏家不會被評判」是一個流行但危險的俄文諺語,在分析高階經理人決策、公司績效或投資結果時,這是一種非常普遍的態度:既然成功了,那一定是個好的決定。

> 生命就是在管理風險,而不是消除風險。
> ——華特・里斯頓(Walter Wriston),
> 花旗銀行集團前總裁

積極型價值投資：
突破盤整市場的終極投資法

☀ 另類史

　　以下是一個例子，說明只根據結果來評估決策有多麼危險。舉例來說，一間所有業務都在大開曼島公司的執行長決定，取消公司的颶風保險以節省大量的保險費支出，並對他的公司投資人說：「數百萬美元可以投入作為研發的資金，為什麼要浪費在保險上？」

　　因為有神的幫助和一點點好運，第一年沒有發生颶風，公司省下了很多保費，而且盈餘大增，創下公司史上最好的一年。這位執行長應該因為節省數百萬美元的保險費支出而獲得巨額獎金，還是應該被解僱？觀察歷史的事後分析會告訴我們，執行長會受到獎勵，因為他沒有浪費錢買保險，而節省了數百萬美元。

　　但是這個結論完全忽略了其他非常可能的替代路徑，以及尚未浮上檯面的風險──隱藏的風險。對可能發生的事情的分析，觀察一個替代歷史路徑，我們就會發現更準確的一面。從1871年到2004年，大約每2年半就會有一場颶風襲擊大開曼島；換句話說，任何一年颶風襲擊大開曼島的可能性為44%。這個估計是基於133年的歷史觀察，是一個相當大的資料數據。

CHAPTER 16
用不同方式思考

如果我們了解其他歷史路徑,那麼我們就能夠更準確地評估過去——因而更了解未來。

在我們的例子中,這間公司大幅提高的獲利能力伴隨著(實際上是產生)一個非常大的隱性風險。執行長完全無法控制也無法預測颶風是否以及何時會襲擊大開曼島,除非他準確地預測了大約100萬個影響颶風產生和方向的不同因素,否則這位執行長做的是非常盲目的決定,使公司面臨嚴重的風險,然後只是運氣好而已。

只是在觀察到的風險背景下分析結果,我們會受到隨機性的擺布,因為隨機性決定了我們會曝露在多少風險之中。當對結果的評估只是根據觀察到的風險時,成功往往歸因於投資或公司經理的技能,而不是真正的原因:受到幸運女神的眷顧。

在2006年或2007年初,一位在我公司擁有客戶帳戶的券商打電話給我,問我為什麼我們的帳戶不如他在個人帳戶中持有的共同基金那麼好。我查了一下那支共同基金然後發現,雖然我們的帳戶在今年的成長性很好,但那支共同基金的成長卻是我們的2倍或3倍。我仔細觀察了一下,發現那支基金一半以上的資產都投資於能源相關股票,這種配置就是那支基金所有驚人回報的原因;當時油價正創下歷史新高。

我對那位券商的回應很簡單:「這支共同基金的績效在很大程度上將受到一種非常不穩定和不可預測的商品所推動——石油。你現在看到了驚人的報酬,但你看不到的是這支基金所承擔的風險。你不必有豐富的想像力就能想像,如果油價下跌,這支基金的報酬會發生什麼變化。我絕不會讓這位基金經理人管理我父母的錢,或是我孩子的錢——隱藏風險實在是太大了(而且在幾年後就出現了)。

下次當你聽到共同基金或避險基金經理人吹嘘他管理的基金創造超額報酬,而且幾乎沒有(觀察到的)風險時,請記住我們討論到的隨機性,並質疑其他歷史路徑。也許這是因為他的選股技巧很好,但也許那支基金透過巨大的槓桿,或是押注單一產業而承擔了很大的風險。到目前為止,幸運女神可能一直站在他這邊,但是將來可能就不會了。想一想犯下這個錯誤的代價有多大。如果幸運女神休息1天或1個月怎麼辦?那支基金會發生什麼事?

這就是為什麼分析共同基金或基金經理人,查看他們報酬最糟糕的時期結果而不是平均長期報酬是有用的;但即便如此,也可能無法揭示隱藏的風險。例如,大型避險基金Amaranth創造了驚人的績效,直到⋯⋯倒閉為止。但事實並非如此。這支避險基金在2006年夏秋兩季對天然氣價格的走向進

CHAPTER 16
用不同方式思考

行了大量槓桿押注,基金的表現非常出色,直到在不到1個月的時間內虧損數十億美元。這就是為什麼在分析基金經理人或共同基金時,你要確保他們的投資過程對你來說是合理的。如果沒有,即使過去的報酬很好也不要投資。

投資環境充斥著隨機性——這是一種持續的職業風險。我們的技能、知識和經驗應該有助於降低隨機性的風險,但完全消除是不可能的,因為隨機性是投資叢林的本質。保持在你的能力範圍內,並進行深入的研究,以減少隨機性及對你投資組合的影響。不僅要關注已經發生的事情(通常是隨機的),還要關注可能發生的事情。從過去吸取教訓,並根據所有可能的結果來判斷公司和經理人。最後,為了幫助保護自己不受隨機性的影響,那就是分散投資!

多元化:並非總是免費的午餐

經常有人說,「多元分散」是投資人唯一能得到的免費午餐,因為這種降低風險的策略不會導致隨後的報酬減少。真的是這樣嗎?巴菲特並不同意這種觀點:「多元分散可以保護無知的人。對於知道自己在做什麼的人來說,這麼做並不合理。」

這兩種說法都是正確的。其中一個極端情況是,投資者往往無法實現多元分散,只持有少數幾間公司,並讓自己承受不必要的風險。以下這件事發生在我的一個好朋友身上,我們叫他傑克吧。他和太太都在世界上最大的保險經紀公司達信保險經紀公司(Marsh & McLennan)工作,這是一間很好的公司,市值超過200億美元,營收超過120億美元。多年來,傑克和太太累積了大量達信的股票曝險,而且他們不願意出售這些股票。

2000年的某個時候,他問我因為他的達信股票而有這麼多財富,我覺得他們的財務狀況如何。我評論說,雖然我不認為達信會很快倒閉,但我不建議將他們所有的淨值都放在一間公司。安隆(Enron)、世界通訊(MCI)或朗訊(Lucent)的員工在公司倒閉的幾個月前,都沒有預見到他們的退休基金會化為烏有。儘管達信消失的可能性非常非常小,但這對夫妻缺乏多元化是不值得冒的風險,特別是考慮到他們的個人收入來源(薪水)也來自達信。傑克聽了我的建議而且也同意我的說法,然而他並不覺得有採取行動的急迫性,而是忙於他的日常生活,並且沒有採取行動,直到⋯⋯

幾年後,一個陽光普照的日子(至少在丹佛這邊是陽光明媚的),我開車去上班時接到傑克的電話,他問:「你看到達

CHAPTER 16
用不同方式思考

信發生的事了嗎?」我沒有。傑克解釋說,艾略特‧斯皮策(Eliot Spitzer,當時的紐約州總檢察長)對達信提起訴訟,指控該公司操縱投標,暗指達信在收取(通常未披露的)利益佣金時沒有按照客戶的最佳利益。消息傳出後,達信的股價幾乎腰斬,因為利益佣金占公司利潤的很大一部分。空氣中瀰漫著關於破產的討論,令我驚訝的是,傑克非常冷靜(考慮到達信股票是他當時全部的淨資產),他問我關於他和太太應該如何處理。

在這種情況下,當所有的壞消息盡出時,你需要權衡可能結果的機率。在提起訴訟的前一天,破產對達信來說是一個不太可能的結果,突然間變得更有可能了,或者至少機率從幾百萬計分之一變成了遙遠但可以想像的結果。達信的債務似乎並不高,約占總資產的30%;但是如果沒有或有利益佣金(未來非常不確定,它的毛利率幾乎達到100%),達信幾乎無法獲利。此外,這與最近的安達信(Arthur Andersen,譯注:安達信是能源公司安隆的審計公司,在安隆案爆發後因企圖隱瞞證據和妨礙司法公正而被起訴與罰鍰)的醜聞有相似之處。這兩間公司都從事智力資本或信託業務,訴訟可能會引發大規模客戶外流,使公司倒閉。

如果達信只是傑克多元化投資組合中的其中一支股票(15

或20支股票之一），那麼適當地將機率歸因於每個潛在結果後，達信不太可能發生的破產風險（破產這是最壞的情況）會被視為只是其中一個風險。但這是理論沒有告訴你的：當一個人無法承擔一個低機率的結果（而傑克確實承擔不起）時，人們就會開始認為這個結果的機率會大大增加。

在我們的談話之後，傑克以巨額虧損出售了達信的大部分股票。在達信醜聞發生時，他打算買一棟新房子，結果只好解約。他損失了已支付的頭期款，而且不確定他和太太將來是否會有工作。幸運的是，他們都沒有失去工作，幾個月後他到另一間保險經紀公司工作（這次跳槽是升職，因為為達信工作的情況已經不同了）。我敢說，傑克再也不會以同樣的自滿態度看待多元化了。

只由少數股票組成的投資組合，會嚴重損害你在有壓力的情況下（也是你最需要這種能力的時候）做出理性決策的能力。透過多元分散來管理這種情緒，是風險管理中比較主觀的方法之一。

CHAPTER 16
用不同方式思考

> 我無法同時投資50或75個標的；這種如同諾亞方舟般的投資方式——最終你只會得到一座動物園。我喜歡將資金集中在少數幾個有意義的標的上。
>
> ——華倫・巴菲特

✺ 太多雞蛋,還是太多籃子?

而另一個極端的情況則是,持有數百支股票的投資人要付出另一個代價——無知。詞典將「無知」定義為未受過教育、不知情或不了解——巴菲特所指的代價。投資組合中的公司數量非常多,使得投資人不可能很了解這些公司。缺乏知識導致無法做出理性的決策,進而導致投資人行為不理性,損害投資組合的報酬。過度多元分散還有另一個副作用,那就是對個別投資決策漠不關心。

在包含數百支股票的投資組合中,單一部位可能占總投資組合的1%或更少。犯錯的代價非常小,而做對的好處也很小。舉例來說,如果一支股票上漲或下跌20%,那麼無論哪種方式,對投資組合的總體影響都只有0.2%。這會造成對逐步增

加決策不太重視,過度多元分散的買入並持有投資人很常發生這種情況。

你要取得適當的平衡,權衡任何一個極端的後果。對於投資組合中消除個股風險所需的不相關股票的確切數量,學術界的意見分歧,但通常是在16支到25支股票之間。這是「大致正確」要比「完全錯誤」更好的另一種情況。我發現大約20支股票的投資組合是可以管理的,並提供了足夠的分散程度;就這一點來說,犯錯的代價不會太高,但每一個決定都很重要。

要把多元分散更進一步,就是對投資組合進行壓力測試(模擬不同的假設情況),這個工作極為重要,因為壓力測試會揭露在隱藏風險的情況下,投資組合有哪些弱點。

CHAPTER 17

我可能錯了，但我不這麼認為

積極型價值投資：
突破盤整市場的終極投資法

也許你認為我所描述的盤整市場不會發生，也許我們即將開始美國史上最大的牛市，但我們可以研究不同市場之前的條件、從中學習，進而形成有根據的預測。雖然之前盤整前的條件已經確立，並且未來10年盤整市場的可能性很高，但顯然我們並不能確定。

每一種策略都不應該只是因為「正好是對的」來評估，至少同樣重要的是，應該以「錯誤的代價」來評估，因此，我們要透過「主動價值投資」來評估。

> 尋找你的選擇、選擇最好的一個，然後堅持下去。
> ——帕特・萊利（Pat Riley，美國NBA前職業籃球運動員、教練）

在不太可能出現的情況下，不久的將來將進入長期牛市（尤其是在股票估值仍處於之前盤整開始時的水準），主動價值投資不會就此消失。而且也不會讓你進入投資名人堂，但應該能產生可觀的報酬。畢竟你擁有高品質的公司，這些公司的盈餘正在提升，甚至可能支付豐厚的股利，而且你以適當的價

CHAPTER 17
我可能錯了，但我不這麼認為

格買進——而且有適當的安全邊際。

儘管我們確實具備了熊市開始的一半要素——高估值——但除非經濟出現嚴重的長期惡化，否則熊市可能不會露出鋒利的爪子。

唯一會讓主動價值投資產生的結果不如非常高品質債券投資組合的熊市情境，就是與通縮同時發生，或是由通縮造成的長期衰退（類似於日本目前的熊市）。不會違約的美國公債在這種環境下應該表現會很好；然而，非頂級債券的公司債券表現可能會不好，因為違約率可能會飆升。

由高通膨所造成的熊市，或是高通膨時期的熊市，加上升息（這就是第一次世界大戰時期的德國），債券的實質報酬率會很差。在這個情況下，持有債券的錯誤代價會很高，尤其是長期債券，因為它的現金流會固定很長一段時間，同時大幅侵蝕你的實質購買力。

最後，在盤整市場中，積極的買賣程序應該對你有利，這個市場不會有什麼重大的改變，但有大量的雙邊波動性。現金是你投資決策的剩餘部分，這只會對你有所幫助，為未來機會（符合所有QVG標準的股票）出現時提供急需的火藥。高股利

報酬率的股票將是投資組合報酬的重要組成部分來源,就像在之前的盤整市場中一樣。

如果考慮未來10年每種類型市場發生的機率,主動價值投資是一種更具吸引力的策略。以史為鑑,目前的盤整市場持續相當長一段時間的可能性很高,但是熊市持續的可能性非常低,牛市更是如此。因此,主動價值投資應該是你的首選策略!

致謝

首先,我要對我的父母表達最深的感謝,感謝他們相信我。一路走來的每一步,他們總是在我身上看到潛力,比我自己認為的還要更大。經由他們的指導和不斷的鼓勵,我成為他們在我身上看到的樣子,而不是我以為我能取得的成就。對我現在的成就,沒有人比我更驚訝,我會努力為我的孩子做一樣的事。

我要感謝:Michael Conn,我的智囊、朋友,我在Investment Management Associates的合夥人。Barry Pasikov,我們每天通電話討論的內容一定有一些出現在本書中。Aleksandr Sheykhet,我忘了在第一本書中感謝他。E. Jake Berzon,我的顧問,他仔細檢視每一頁的內容。Charley Sweet,協助讓內容充實。Michael Mauboussin毫不保留地提供意見回應。Jeffrey Scharf、Ed Durica、Hewitt Heiserman和Kane Cotton極佳的意見回應。我的兄弟Alex Katsenelson,估值那一章母牛高德的後代的圖,是他畫出泰維的樣子。

John Wiley & Sons的超棒編輯Pamela van Giessen和Emilie Herman。我太太Rachel負責打理凱茨尼爾森家，包括2個超棒但很費心照顧的孩子喬納和漢娜，讓我把自己關在地下室專心寫本書以及之前的書。還有我的姑姑Anna Lerer，把我家人從俄羅斯帶來美國。我經常捏自己以提醒自己和孩子們，我們生活在這個美好的國家是多麼幸運的事。

國家圖書館出版品預行編目（CIP）資料

積極型價值投資：突破盤整市場的終極投資法 / 維塔利.凱茨尼爾森(Vitaliy N. Katsenelson)著；呂佩憶譯. -- 初版. -- 臺北市：今周刊出版社股份有限公司, 2024.10
256面；14.8 × 21公分. -- (投資贏家；82)
譯自：The little book of sideways markets : how to make money in markets that go nowhere
ISBN 978-626-7266-84-7(平裝)

1.CST: 股票投資 2.CST: 投資分析

563.53　　　　　　　　　　　　　　　113009801

投資贏家 82

積極型價值投資
突破盤整市場的終極投資法
The Little Book of Sideways Markets : How to Make Money in Markets that Go Nowhere

作　　者	維塔利・凱茨尼爾森 Vitaliy N. Katsenelson
譯　　者	呂佩憶
總 編 輯	李珮綺
資深主編	李志威
校　　對	鍾瑩貞
封面設計	萬勝安
內文排版	菩薩蠻數位文化有限公司

企畫副理	朱安棋
行銷企畫	江品潔
業務專員	孫唯瑄
印　　務	詹夏深

出 版 者	今周刊出版社股份有限公司
發 行 人	梁永煌
地　　址	台北市中山區南京東路一段96號8樓
電　　話	886-2-2581-6196
傳　　真	886-2-2531-6438
讀者專線	886-2-2581-6196轉1
劃撥帳號	19865054
戶　　名	今周刊出版社股份有限公司
網　　址	http://www.businesstoday.com.tw

總 經 銷	大和書報股份有限公司
製版印刷	緯峰印刷股份有限公司
初版一刷	2024年10月
定　　價	450 元

The Little Book of Sideways Markets: How to Make Money in Markets that Go Nowhere by Vitaliy N. Katsenelson
This edition arranged with John Wiley & Sons, Inc., through BIG APPLE AGENCY, INC., LABUAN, MALAYSIA.
Traditional Chinese edition copyright：2024 Business Today Publisher
All rights reserved.

版權所有，翻印必究
Printed in Taiwan